特种部队徒手格斗术

王红辉 编著

人民体育出版社

图书在版编目（CIP）数据

特种部队徒手格斗术 / 王红辉编著. -- 北京：人民体育出版社，2006（2021.8重印）
ISBN 978-7-5009-3048-8

Ⅰ.①特… Ⅱ.①王… Ⅲ.①特种部队—擒拿方法（体育）Ⅳ.①E156

中国版本图书馆CIP数据核字(2006)第101007号

*

人民体育出版社出版发行
北京新华印刷有限公司印刷
新 华 书 店 经 销

*

850×1168　32开本　7.5印张　187千字
2006年12月第1版　2021年8月第13次印刷
印数：75,001—78,000册

*

ISBN 978-7-5009-3048-8
定价：28.00元

社址：北京市东城区体育馆路8号（天坛公园东门）
电话：67151482（发行部）　　邮编：100061
传真：67151483　　　　　　　邮购：67118491
网址：www.sportspublish.cn

（购买本社图书，如遇有缺损页可与邮购部联系）

前　言

　　特种部队，是世界各国军队中的精英团体。他们的任务是：对内反恐怖、反劫机；对外搞侦察、小股渗透，捣毁敌方军事重地的绝密设施等。各国特种部队的武器装备都非常精良。但对特种部队而言，徒手格斗技能已成为他们在实际战斗中的重要组成部分。特种部队格斗培训的特点是科学训练、高效快速。西方某些特种部队，接受培训的时间通常都很短。如美国海军的海陆空战队（SEAL）、美国绿色贝雷帽部队（Green Berets）、英国的特别空勤团（SAS）以及比利时的伞兵军团，徒手格斗培训的时间都是非常地短，通常在6周之内结束。

　　虽然特种部队徒手格斗培训的时间非常短，但效果惊人。其科学的训练方法很快使受训的士兵功夫上身，形成良好的格斗能力。一个训练几周的特种兵，在对付一个训练几年的练武者时也丝毫不会吃亏，甚至会将其打败。这决不是耸人听闻或者夸大其辞，而是因为许多项目的技术动作训练冗长、笨拙、繁琐，浪费精力。而现在流行的散打、泰拳等擂台技术，与特种部队格斗术又没有可比性。特种兵徒手格斗是与日常冲突中的真实情况紧密结合，活学活用，一切为实战而练。而擂台技击则是在规则限制下发展而成的，真正实用的功夫在擂台上恰好又被规则所限制。擂台技击术在野战、巷战、街头打斗中是难以运用的。很多例子表明，一些堪称搏击高手、功夫很深的传统老拳师在遭到突然的无规则的袭击时会束手无策，甚至被不练武术的小流氓打得没有招架之功。这是因为他们习惯于常规竞技模式，根本无法应对全面、整体的、你死我活的无规则搏杀,这与他们接受训练的方法有关。特种部队徒手格斗术则是无限制的,其格斗培训的含义就是学会如何运用你的人体武器杀伤敌人,因而其打法是凶狠的、残忍的,追求的是一击必杀、五秒钟结束战斗。特种部队徒手格斗术完全是经过实战检验的、简捷而实用的技术。本书围绕着"精简实用、易于掌握"这一主题详细介绍了特种部队的精神训练、致命武器、窒息、锁定、解脱、地面缠斗、徒手对凶器等搏击技术。书中吸收了世界各国特种部队的格斗精华和先进的训练方法,并剔除华而不实的动作。整个训练始终围绕着"如何快速有效地杀伤敌人"这个目标来展开与分析。特别适合于广大搏击初学者,或是练功多年却又难以制服两三个街头小流氓的懊恼者。本书所介绍的训练方法,科学、系统、高效速成,其目的旨在帮助广大搏击爱好者在短期内提高自己的实战能力。

　　本书是站在士兵的角度来讲解格斗要诀的。广大读者只能作为防身之用而不能不分场合和条件,滥用书中所描述的格斗技术。

目 录

第一章　特种部队徒手格斗术概述 …………………… (1)

第二章　特种部队徒手格斗术的基本常识 …………… (4)

　第一节　人体的要害部位 ……………………… (4)
　第二节　用于攻击的人体部位 ………………… (8)

第三章　特种部队徒手格斗术的
　　　　基本技术与训练方法 ………………………… (14)

　第一节　实战姿势 ……………………………… (14)
　第二节　步法训练 ……………………………… (16)
　第三节　拳法训练与应用 ……………………… (18)
　第四节　掌指法训练与应用 …………………… (31)
　第五节　腿法训练与应用 ……………………… (46)
　第六节　肘法训练与应用 ……………………… (66)
　第七节　膝法训练与应用 ……………………… (83)

第四章　特种部队徒手格斗术的特殊格斗技法 ……… (97)

　第一节　头撞攻击法 …………………………… (97)
　第二节　抓发攻击法 …………………………… (103)
　第三节　小拳攻击法 …………………………… (105)
　第四节　嘴咬攻击法 …………………………… (106)

第 五 节　杯形手掌攻击法……………………（107）
　　第 六 节　掏裆攻击法…………………………（108）
　　第 七 节　手指抠抓攻击法……………………（110）
　　第 八 节　拳侧攻击法…………………………（111）
　　第 九 节　窒息与锁定攻击法…………………（113）
　　第 十 节　被动解脱攻击法……………………（129）
　　第十一节　摔法…………………………………（150）
　　第十二节　地面缠斗攻击法……………………（163）
　　第十三节　徒手对刀攻击法……………………（169）
　　第十四节　徒手对棍攻击法……………………（183）
　　第十五节　徒手对枪攻击法……………………（187）
　　第十六节　利用棍棒攻击法……………………（196）

第五章　特种部队徒手格斗术的身体素质训练………（206）

　　第一节　力量训练………………………………（206）
　　第二节　柔韧训练………………………………（219）
　　第三节　速度训练………………………………（225）
　　第四节　耐力训练………………………………（227）
　　第五节　灵敏训练………………………………（228）

第六章　特种兵的心理训练……………………………（231）

第一章　特种部队徒手格斗术概述

特种部队徒手格斗术是一项以杀死敌人或使敌人失去反抗能力为主要目的的军事格斗术，是人们在战场的搏杀过程中总结出来的实用军事搏击术。以前虽然有过许多优秀的军事搏击术，但大多数都因为训练繁琐复杂，实用性不强，不适合于你死我活的战场搏杀而被淘汰。特种部队徒手格斗术的特点是简练、实用、有效，科学性强，强调使用一切可使用的手段，提倡一招制敌、五秒钟结束战斗。

军事格斗的目的是以最快的速度杀死或制服敌人。大多数情况下，杀死敌人是军事上唯一的目标。徒手格斗培训的含义就是教会士兵怎样运用他自己的身体武器，去杀死敌人或使其致残。特种部队徒手格斗术训练的特点主要有如下几个方面：

第一，重视格斗精神的培训。专家认为，格斗时人的精神气势起着决定性的因素。常言道："两军相争，勇者胜。"在实战搏击中，一个没有必胜信心、受到挫折不能自我克服、在劣势中不敢舍身奋战的人要想取胜是不可能的。所以，教官要求士兵必须有坚强的意志和敢于拼搏的精神，无论在平时的训练中，还是在实战搏击时，都应把对方当成真正的敌人，只有这样才能以精神为统帅，才能调动全身各部，发挥最大潜能，同时也才能克服恐惧和焦虑的情绪，保持旺盛的战斗力，全力以赴地战胜敌人。

第二，动作简单，实用易学。特种部队的教官们都喜欢教授士兵一些简单易学的技术动作，并把大量的时间和精力花在训练那些靠本能用得上的基本搏击技术上。为了做到实战搏杀的动作简练、实用、有效，在训练时一定要让士兵知道：怎样瞄准敌人身体上的要害部位，他自己身体的哪个部位可用作为武器，特别是士兵能够运用自如的身体武器。这类武器中，包括有：拳、脚、肘、膝、掌、手指等。士兵要学会如何应用自己的身体武器，给敌人以最大的打击。在真正的生死搏杀中动作简练、实用很关键，当击裆就足够解决敌人时，就没有必要冒险以脚踢头；用一秒钟的动作就可以制服敌人时，就没必要花 10 秒钟去做一套复杂的动作。在生死搏杀中，乃是以生命作为赌注的，其残酷性要求士兵放弃一切华而不实的技术，简练直接地打击敌人。

第三，科学性、针对性。特种部队徒手格斗术的训练科学性较强，强调一招制敌，五秒钟结束战斗。格斗时，要求士兵直接攻击敌人的要害，所以士兵必须了解人体解剖学、生理学、运动力学等原理。如击打下颌时用手底掌就比用拳击更为有效，因为用拳猛击可能会使自己的手指受伤，而用底掌打击就较为容易了。而用手刀猛砍敌人颈后，则能造成脑震荡或颈部折断，甚至立即毙命。训练时还要教会士兵如何站立、如何移动、如何倒地和滚爬、如何击打和封阻、如何锁定敌人以及如何窒息敌人。

美国著名的军事格斗专家洛奈尔·雷克斯·阿普尔盖特直言不讳地说："军事格斗，就是学会如何把敌人从战争中永久性地剔除掉。制服，应该看做是一种将敌人处于更容易杀掉的状态，而不是一种把他收为俘虏的手段。"

第四，强调使用一切可以使用的手段。特种部队的士兵在格斗时，可以不择任何手段，强调用全接触式的肉搏战。除应用常规的踢、打、摔、拿外，还可以去咬、抓、撕、挖，军事上的格斗打起来可以"不择手段"，如果需要，你可以像野兽那样去进攻，只要能杀死敌人，没有人在乎你使用了什么手段。包括在实

第一章 特种部队徒手格斗术概述

战搏杀时能充分利用身边的物品作为武器来杀死敌人。如朝对方眼中撒泥沙；运用皮带、钢盔击打敌人；用挖战壕的工具砍击敌人的颈部；帐篷的支柱和销钉都可以用来戳击敌人；固定帐篷用的扯绳、鞋带及电话线都可以用来勒死敌人。另外，除了强斗之外，智斗也必须强化。如沉着冷静的神态、巧妙的语言、智慧的计策都可以制敌。如手指弯曲，指关节处顶在敌人背后，酷似枪管，会使敌人信以为真而束手就擒，等等。

第二章　特种部队徒手格斗术的基本常识

第一节　人体的要害部位

在生死格斗中，了解人体的要害部位对实战攻击非常重要。因为人体的要害部位组织脆弱、神经敏感，如受到暴力刺激或重击，会使人体的正常活动受到影响，从而直接威胁到人的生命。因此特种兵必须明白人体的哪些部位最薄弱，从而瞄准这些部位发动猛烈的攻击，重创敌人。（图2-1）

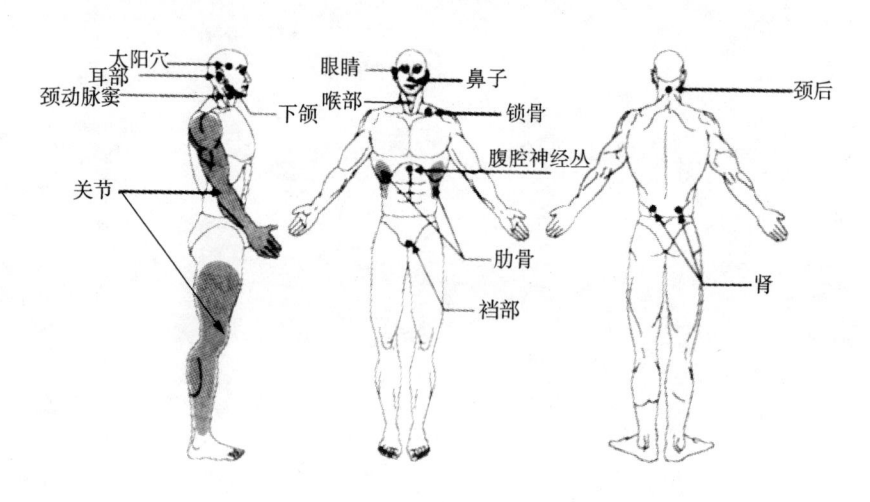

图　2-1

第二章　特种部队徒手格斗术的基本常识

1. 太阳穴

太阳穴是人头部最薄弱的地方之一，若受到猛烈的打击，可以造成脑震荡甚至死亡。打击太阳穴通常用手刀、摆拳，也可以用肘顶撞；若敌人被击倒在地，也可以用脚尖猛踢这个部位。

2. 眼睛

眼睛是人体最薄弱、最容易受到攻击的部位之一。轻击可使人视线模糊、疼痛难忍，重击则使人双目失明。一般以剪指攻击或虎爪抓击，也可以用拇指或其他手指抠挖敌人眼睛。有的特种兵在格斗时，能抓住时机，向敌人眼睛抛扬灰土，然后再以别的招法攻击敌人。

3. 耳部

耳部若受到猛烈击打，轻则会导致鼓膜破裂，疼痛难忍，从而丧失战斗能力。重则可使人脑震荡甚至丧命。攻击时，两手作杯状，同时拍击敌人双耳，也可以用手掐住耳朵向一侧拧拉，还可以在贴身扭斗时用嘴撕咬，破坏敌人的身体平衡，为别的招法创造条件。

4. 鼻眼三角区

鼻、眼三角区是极容易受到攻击的薄弱部位之一，其皮下组织少，是人体视觉和呼吸的重要器官所在地。若遭到击打，可导致双目失明，鼻梁塌陷，甚至颅底骨骨折。一般采用的攻击方法为直拳或者是以肘、膝撞击。

5. 鼻子

鼻子是从脸部向外凸出的部位，因此也是容易被攻击的目标。鼻子若遭到重击，轻则鼻骨碎裂，瞬间双目失明，重则丧命。一般在贴身近战时，则可用底掌由下向上猛推敌人鼻子。这是很致命的击打，可使敌人休克或脑出血。在贴身搂抱时，还可用头猛撞或用牙齿撕咬敌人的鼻子。

6. 下颌

下颌两侧连接点的三角区域充满了神经束，若受到猛烈打击可导致脱臼或骨折，有时甚至刺激后脑延髓而暂时失去站立功能。下颌受到重击也会产生休克、脑震荡、脑出血，失去知觉甚至死亡。一般用钩拳、挑肘或底掌进行击打更为有效。

7. 颈动脉窦

颈动脉窦在下颌骨的两侧，颈动脉在咽喉的两旁，这些部位若受到强烈击打和刺激，会导致大脑输血受阻而暂时缺血，心律调节受到破坏，心脏收缩率减弱，血压降低以及控制与调节身体平衡的前庭器受到震荡，产生昏迷、休克等现象，严重的会引起猝死。一般用手刀砍击此处，效果较佳。

8. 喉部

喉部包括呼吸道和食道，若用力掐压，就会使人头昏、四肢无力，甚至毙命。正因为如此，许多特种兵在实战搏击时都会瞄准此处。进攻时可直接以掌指戳击敌人咽喉凹下的部位，可使敌人感到剧痛、咳嗽，甚至窒息而亡。搏斗时可用前臂勒击或以手指掐、压、扼等方法攻击此处目标。

9. 颈后

颈后若受到重击，可立即毙命。当敌俯身、弯腰时可用手刀或拳外侧猛劈此处。若敌人倒在地上，可用脚尖、脚跟踢击此处，从而重创敌人。

10. 锁骨

锁骨若受到重击可导致骨折，并使人瘫倒在地。攻击时可用手刀向下猛力劈砍。如果敌人比你矮小，则可用肘猛砸敌人锁骨。

11. 两肋

左肋内的脾脏、右肋内的肝脏都是维持人体生命活动的重要器官。这些部位若遭到猛烈的击打和刺激，容易造成骨折或损伤内脏，使肝、脾出血，不仅疼痛难忍，严重的还会危及生命。可用手刀、拳外侧、指关节、脚跟、脚尖、膝关节等攻击此部位。

12. 腹腔神经丛

由于腹腔内脏器官较多，腹腔的神经分布尤为丰富。支配各脏器的交感神经和副交感神经，彼此交错形成神经网络，在腹腔内形成了很多神经丛，其中最主要的神经丛为太阳神经丛。太阳神经丛位于腹腔正中，相当第12胸椎至第1腰椎段，体表位置在腹前壁的剑突与肚脐之间。腹腔太阳神经丛分为两个半月神经节，与腹腔内的其他神经丛构成复杂的神经联系，广泛分布于腹壁、腹膜及腹内脏器。刺伤腹壁和腹膜，震荡、牵拉腹内脏器，都可以刺激腹腔太阳神经丛，引起强烈的神经反射。因此，以拳、脚打击肚脐以上的部位，尤其是打击胸骨剑突下的心窝处，可立即引起剧烈的腹痛，使人不能呼吸，不能直立，腹肌痉挛而瘫倒在地，甚至会因为强烈的神经反射作用使人晕厥或昏迷。用力打击心窝处，可以将胸骨击断造成大量的腹腔内出血而死亡。

13. 裆部

裆部是人体最重要的部位之一，也是攻击最易奏效的部位之一。这个部位神经反应特别敏感，如受外力袭击，会使人疼痛难忍，危及生命。在近距离缠斗时，可用膝猛顶敌人裆部。无论在何种情况下，只要能抓住敌人的生殖器，并通过撕扯、挤压和扭拧动作便可将敌人制服。如果用力猛踢此处，可造成敌人昏倒甚至死亡。

14. 关节

人的手指、腕部、肘部、肩部和膝部等关节虽然都被肌肉所环绕着，但仍是薄弱的部位。这些部位若被拧转、折压、锁扣、击打超过活动范围，会疼痛难忍，并可能造成关节脱位、韧带撕裂、肌肉损伤，甚至骨折，从而失去正常的运动功能。

第二节　用于攻击的人体部位

人体的许多部位都适合作为攻击武器。技术全面的特种兵，不管敌人的技艺如何，都能充分运用自己的身体武器，从头到脚去打击敌人。

1. 头部

头有的部位虽然非常薄弱，但有的部位却非常坚硬，特别适合作为攻击武器。在近身格斗中头部离目标很近，而且攻击性容易被敌人忽视，在实战时如果能出其不意地用头的坚硬处去撞击敌人的薄弱处，定会收到很好的效果。（图 2-2）

2. 牙齿

在全身被控制时牙齿也可以作为有力的攻击武器。在搏斗时用牙齿可以撕咬敌人的耳朵、手指等部位。（图 2-3）

图 2-2　　　　　　　　图 2-3

3. 肩部

肩部是一个容易被人们忽视的人体武器，在实战中用肩靠击或是撞击敌人也能收到很好的打击效果。（图 2-4）

图 2-4

4. 拳

四指并拢，弯曲贴住掌心，拇指弯曲贴在食指和中指的第二指骨外侧。拳为上肢的重要攻击武器，格斗中使用率较高。力点为拳面、拳背和拳轮。（图 2-5）

5. 指关节

除拇指外，其余四指的第二关节弯曲紧贴可形成较好的攻击武器。在实战中可以攻击敌人的鼻梁、眼睛、肋骨等部位。（图 2-6）

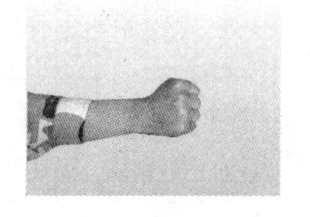

图 2-5 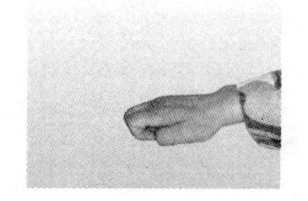　　　　　　　图 2-6

6. 爪

拇指蜷曲向掌心，其余四指弯曲。可爪击敌人面部、眼睛等部位。（图 2-7）

7. 矛手

四指平伸并拢，拇指向掌心蜷曲。主要攻击点集中于食指、中指和无名指的指尖。主要攻击敌人的眼睛、咽喉等脆弱部位。（图 2-8）

图 2-7 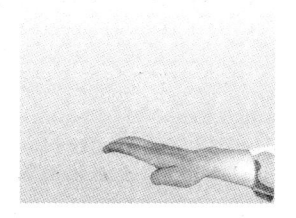　　　　　　　　　图 2-8

8. 掌根

掌根就是手掌的底部，这个部位的肌肉丰满，是手掌上肌肉最多、最厚的部位。掌根主要攻击敌人的下颌等部。（图 2-9）

9. 手刀

手刀是手掌边缘的部位。拇指弯曲贴靠在食指的关节处，其余四指并拢伸直，整个手掌就像一把"砍刀"，故名手刀。手刀主要攻击敌人的颈动脉等部。（图 2-10）

图 2-9 　　　　　　　　　图 2-10

10. 掌背

拇指弯曲，其余四指伸直并拢。攻击时力点在掌指及掌背关节部位。用于攻击敌人的眼睛、鼻子等部位效果较佳。攻击时多以肘部为支点，用前臂的抖弹之劲甩击敌人。（图2-11）

11. 虎口

手指并拢，将拇指与其余四指分开，拇指与食指中间的部位就是虎口，虎口威力大，作用多，具有防御和攻击的双重作用。攻击时可切割敌人的喉管，也可进一步演化为锁喉。（图2-12）

图 2-11

图 2-12

12. 肘

肘是前臂和上臂的连接处，是贴身近战的一种攻防利器，杀伤力较大。攻击力点为肘尖、前臂、上臂。（图2-13）

图 2-13

13. 髋

髋位于上肢和下肢的连接处,格斗中靠近对方可以撞击敌人。着力点为胯部侧面。(图略)

14. 膝

膝是大小腿的连接部位,主要攻击敌人裆部、腹部,也可用于砸击已倒地的敌人。攻击主要有由下向上的顶击和向斜上方的撞击两种形式。(图2-14)

图 2-14

15. 脚

脚可以攻击敌人各个要害部位。脚背可以踢击敌人肋部、肾、下腹、裆部、大腿和小腿,脚跟可以蹬击敌人胸、裆等部。(图2-15)

图 2-15

第三章 特种部队徒手格斗术的基本技术与训练方法

第一节 实战姿势

实战姿势是一切徒手格斗技术的基础,正确完美的姿势是搏击灵活多变、迅猛快捷的保证。但实际上不少初学者只注重拳脚技术而忽视了实战姿势。基础不牢,怎能建成大厦?所以基本姿势是受训士兵首先要掌握的技能。(图3-1)

图 3-1

第三章　特种部队徒手格斗术的基本技术与训练方法

一、身体各部的实战姿势

1. 头部姿势

头部是双方搏斗时打击的主要目标之一。实战中头略向前低，下颌内收，闭口叩齿。进攻时，头部可稍加摇晃，以迷惑敌人。在训练或是实战时要使头部舒适自然和协调。

2. 两拳姿势

双臂弯曲约为45°。双手握拳置于脸部两侧以保护头部，双肘贴近身体，以保护肋部。同时肩、臂、拳要协调放松。一般左拳在前，右拳在后。

3. 躯干姿势

躯干姿势的正确与否对实战搏击起到至关重要的作用。实战中应侧身面对敌人，需要含胸、收腹，实战中身体尽量保持放松、协调。

4. 两脚姿势

两脚始终前后站立，两脚之间距离比肩稍宽，两腿稍屈，两脚掌着地，脚跟微提起，重心保持在两腿之间。

二、实战姿势的注意事项

1. 练习实战姿势时不要紧张，双拳不要用力握紧，双肘放松协调，收腹和低头不僵硬，切忌过于死板。
2. 手、脚必须互相配合，保护好身体和头部，两膝弯曲不宜过大，否则会影响步法的移动。

3. 身体重心不可偏前或偏后。

三、实战姿势的练习方法

1. 对着镜子练习实战姿势，自我检查实战姿势的正确性。
2. 练习在移动中保持实战姿势，按照格斗的步法做前进、后退和左右移动练习。
3. 在跑步过程中迅速摆出实战姿势。
4. 左右实战姿势互换练习。在实战搏击时，有时是右脚在前，有时是左脚在前，无论何种姿势，都应舒适协调。
5. 经常练习跳绳，以增强步法的灵活性。
6. 经常同伙伴做互相踩脚练习，以增强脚步的变化和转化能力。

第二节 步法训练

步法是根据格斗的特点，从打斗的实际需要出发，调整与对手之间的距离。步法是格斗术的重要组成部分，它是防守之魂，进攻之根。步法具有调整与对手的距离、保持身体平衡、迷惑敌人、掌握攻防节奏、恢复体能、增强动作的杀伤力等作用。

一、常用步法

1. 进步

从实战姿势开始。左脚向前进一步，右脚随之跟进一步，并立刻恢复实战姿势。

2. 退步

从实战姿势开始。右脚向后退一步,左脚随即后退一步,并立刻恢复实战姿势。

3. 左滑步

从实战姿势开始。右脚蹬地,左脚向左侧上一步,随之右脚迅速向左跟进一步,动作完成后迅速恢复实战姿势。

4. 右滑步

从实战姿势开始。左脚蹬地,右脚向右侧上一步,随之左脚向右跟进一步,动作完成后迅速恢复实战姿势。

5. 撤步

从实战姿势开始。以右脚为轴向内转动,左脚向后撤步,动作完成后迅速恢复实战姿势。

二、脚步移动训练方法

1. 单独训练。将学过的基本步法逐一练习,逐步过渡到步法组合练习。

2. 跳绳练习。包括练习单脚跳、双脚跳等。

3. 两人一组,一人喊口令,另一人按口令做脚步移动练习,发现错误动作及时纠正。

4. 双人练习。两人一组相距约 1 米,进行步法练习。甲方进步则乙方退步。其他步法也是如此。要尽量避免肌肉过分紧张。

第三节 拳法训练与应用

拳法是特种部队格斗术中最具威力的技法之一，因为它具有速度快、灵活多变的特点，是摧毁性极强的攻击武器。特种部队徒手格斗术的拳法与拳击基本相同。但特种部队徒手格斗术讲究实效，崇尚自由发挥，故拳法除直拳、勾拳、摆拳等基本拳法外，还有许多在打斗中创造摸索出来的奇异拳招。此类拳法的运用没有规则限制，只要实战搏击需要就可随时采用。在本节我们重点介绍直拳、勾拳、摆拳等常规拳法，而一些怪异的拳法，我们将在后面介绍。

一、拳法的标准定型

1. 直拳

（1）左直拳标准定型

【动作要领】

在实战姿势的基础上。右脚蹬地，重心稍前移，上体向右水平拧转，以前臂带动拳头迅速向前冲出，击完后恢复实战姿势。（图 3-2、图 3-3）

【发力方法】

借助右脚蹬地之力将身体重心移到左腿上，将腿、腰、髋部的力量送至肩、臂，经拳面爆发冲出。在拳面接触目标的瞬间，拳面稍向内扭动，增加直拳的穿透力。

（2）右直拳标准定型

【动作要领】

在实战姿势的基础上。右脚忽然蹬地，上体、腰部向左旋转，

第三章 特种部队徒手格斗术的基本技术与训练方法

带动右拳向前冲出,击完后恢复实战姿势。(图3-4、图3-5)

【发力方法】

借右脚蹬地之力,拧腰、展髋、送肩使力达拳面。

图 3-2    图 3-3

图 3-4    图 3-5

2. 摆拳

（1）左摆拳标准定型

【动作要领】

身体右转带动左拳向右前方摆击，拳心向外，重心移至右脚，力达拳面。击完后立即恢复实战姿势。（图3-6、图3-7）

图 3-6　　　　　　　　　图 3-7

【发力方法】

借身体右转和拧腰之力带动左拳向右前方摆击。

（2）右摆拳标准定型

【动作要领】

从实战姿势开始。右肘抬起与肩平，前臂弯曲，右脚蹬地，身体猛然左转，带动右拳向左前方冲出，击完后恢复实战姿势。（图3-8、图3-9）

【发力方法】

右脚蹬地，拧腰、身体左转带动右臂向前冲出，上体略向右前倾。右拳击向目标时，手腕内转，力达拳面。

图 3-8　　　　　　　　　图 3-9

3. 勾拳

（1）左上勾拳标准定型

【动作要领】

在实战姿势的基础上。左臂弯曲成90°或小于90°夹角，身体前俯并右转带动左拳向前上方冲出。在冲拳的同时，脚蹬地，挺身加速，左拳呈弧形上冲，拳心向内，拳面向前、向上冲击目标。（图3-10、图3-11）

【发力方法】

转体疾速，要以腿、腰、肩、臂带拳，自下而上发力。当拳头接近目标时要握紧加速。

（2）右上勾拳标准定型

【动作要领】

同左上勾拳。（图3-12、图3-13）

【发力方法】

同左上勾拳。

图 3-10 　　　　　　　　图 3-11

图 3-12 　　　　　　　　图 3-13

4. 背拳

（1）左背拳标准定型

【动作要领】

在实战姿势的基础上。向前微抬左臂。以肘关节为轴，挥前臂以拳背击向目标，手臂伸直，手腕用力向前上方弹抖，以拳背击向目标。击完后恢复实战姿势。（图3-14~图3-16）

【发力方法】

以肘关节或腕关节的转动带动拳背进行攻击。挥拳时我们可以感觉像是挥鞭子一样弹了出去，又弹了回来。

图 3-14

图 3-15 　　　　　图 3-16

（2）右背拳标准定型

【动作要领】

同左背拳。（图 3-17、图 3-18）

【发力方法】

同左背拳。

图 3-17 　　　　　　　　图 3-18

二、拳法的训练方法

1. 原地空击训练。
2. 配合各种步法训练。
3. 打手靶训练。
4. 手握皮球训练，当拳接近目标的瞬间，突然紧握皮球。
5. 打沙袋练习。
6. 两人实战对练。

三、拳法的应用举要

1. 敌我对峙。我以左直拳攻击敌人头部，随即下潜沉身，以右直拳虚晃敌腹，将敌方注意力引到中段后，我再以左摆拳猛击敌人头部。（图3-19~图3-21）

图 3-19

图 3-20

图 3-21

2. 敌我对峙。我以左掌轻推敌人面部，随即沉身以右直拳佯攻敌人腹部，敌人防守腹部时，我再以左直拳重创敌人下颌。（图3-22~图3-24）

图 3-22

图 3-23 　　　　　　　图 3-24

3. 敌我对峙。我向右侧躲开敌人的左侧踹，并以左手勾搂住敌人左腿，右直拳反击敌人面部。（图 3-25）

第三章 特种部队徒手格斗术的基本技术与训练方法

图 3-25

4. 敌我对峙。我逼近敌人，以右直拳攻击其面部，敌人欲后退，我上步以左上勾拳攻击敌人胸、腹，若敌人弯腰时，我再以右摆拳重击敌人太阳穴。（图 3-26、图 3-27）

图 3-26 　　　　　　　　图 3-27

5. 敌我对峙。敌人企图出腿攻击我的瞬间，我抢先以右腿踹击敌人膝部。接着以右拳攻击敌人头部，若敌人以右手挡住，我迅速抓住敌人右手猛拉，同时以左拳攻击敌人面部。（图 3-28~图 3-30）

图 3-28

图 3-29 　　　　　　　　图 3-30

第三章　特种部队徒手格斗术的基本技术与训练方法

6. 敌我对峙。我左拳虚晃，并以左侧踹攻击敌人前腿膝部，随后我左脚向前落地，同时以右直拳猛击敌人面部。（图 3-31~图 3-33）

图 3-31

图 3-32 　　　　　　　　图 3-33

7. 敌我对峙。敌人以右摆拳攻我头部，我低头躲过来拳，接着以左直拳反击敌人面部，趁敌中招迟滞，我再以右摆拳猛击敌人太阳穴。（图 3-34~图 3-36）

图 3-34

图 3-35 　　　　　　　　图 3-36

第四节　掌指法训练与应用

掌指技术亦是特种部队徒手格斗术的重要组成部分。俗话说："宁挨十拳，不挨一掌。""拳不如掌，掌不如指。"也就是说，掌指攻击与以拳法攻击相比，掌指法具有更大的杀伤力，但指腕关节是脆弱的小关节，力量差、易受伤。所以，只有手型正确，力量才能集中，才能避免指关节和腕关节挫伤。

一、掌指法的标准定型

1. 戳指

（1）左戳指标准定型

【动作要领】

在实战姿势的基础上。左手成掌，手臂内旋，平肩直插，掌心朝下，力达指尖。（图 3-37、图 3-38）

图 3-37 　　　　　图 3-38

（2）右戳指标准定型

【动作要领】

身体左转，右手成掌，手臂内旋，向前直刺敌人双目，掌心向下。（图3-39、图3-40）

图 3-39 　　　　　　图 3-40

2. 手刀

（1）左手刀的标准定型

【动作要领】

在实战姿势的基础上。左手屈臂抬起，重心迅速前移，拧腰转髋，以掌沿为力点，由上向下或水平砍击。击打后迅速恢复实战姿势。（图3-41、图3-42）

（2）右手刀的标准定型

【动作要领】

与左手刀相同。（图3-43、图3-44）

第三章　特种部队徒手格斗术的基本技术与训练方法

图 3-41

图 3-42

图 3-43

图 3-44

3. 掌根推击

（1）左掌根推击的标准定型

【动作要领】

在实战姿势的基础上。右脚蹬地，重心前移，然后反弯左手腕，利用转腰、催肘、起身之力，短促地向斜上方运力推击，使掌底击向目标。击完后迅速恢复实战姿势。（图 3-45~图 3-47）

图 3-45

图 3-46

图 3-47

（2）右掌根推击的标准定型

【动作要领】

在实战姿势的基础上。身体内旋，反弯右手腕，利用身体左旋、催肘、起身之力，向斜上方运力推击，使掌底击向目标。击完后迅速恢复实战姿势。（图 3-48、图 3-49）

图 3-48　　　　　　图 3-49

二、掌指法的训练方法

1. 原地空击训练。
2. 配合手靶训练。
3. 打、劈沙袋、树木、木人桩、砖块等训练。
4. 两人实战对练。

三、掌指法的应用举要

1. 敌我对峙。敌人以右直拳向我攻来，我以左手格挡来拳，以右拳猛击敌人面部。乘敌中招迟滞，我快速换手，以右手抓住敌人右腕，以左底掌猛击敌人下颌。（图3-50~图3-52）

图 3-50

图 3-51

图 3-52

2. 敌我对峙。敌人以右拳攻来，我左掌挡住对方右拳的进攻，出右手虎口攻击敌人咽喉，并锁住敌人喉部。（图 3-53、图 3-54）

图 3-53

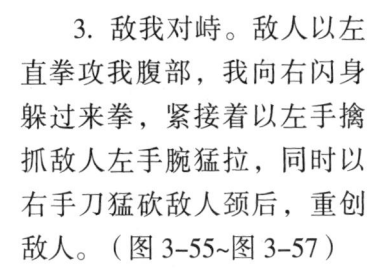

图 3-54

3. 敌我对峙。敌人以左直拳攻我腹部，我向右闪身躲过来拳，紧接着以左手擒抓敌人左手腕猛拉，同时以右手刀猛砍敌人颈后，重创敌人。（图 3-55~图 3-57）

图 3-55

图 3-56 　　　　　　　　图 3-57

4. 敌我对峙。当敌人抓住我的衣领时，我下拉敌人手臂，以右底掌猛击敌人下颌。（图 3-58、图 3-59）

图 3-58 　　　　　　　　图 3-59

5. 敌我对峙。我以双手抓住敌人护头的双臂用力下拉,使其失去对面部的防守,随即以右底掌猛击敌人下颌。(图 3-60、图 3-61)

图 3-60

图 3-61

6. 敌人以右拳攻来,我以左臂格挡敌人右拳,左腿单膝跪地,以右掌猛击敌人下颌。(图 3-62、图 3-63)

图 3-62

图 3-63

7. 敌我对峙。我以左弹踢攻击敌人裆部，敌人收腹避让。我在左腿落地的同时以左直拳攻击敌人面部，再以右戳指直刺敌人眼睛。（图 3-64~图 3-66）

图 3-64

图 3-65 　　　　　　　　图 3-66

第三章　特种部队徒手格斗术的基本技术与训练方法

8. 敌我对峙。我突然以右扫踢猛踢敌人左小腿，当敌人失去重心后倒之时，我迅速向敌人身后跨步，右大腿紧贴敌人左臀及腿部，右手箍住敌颈部。左手抓住敌人左肩后拉，右腿用力别摔，使敌人倒地，并以右掌猛砍敌人颈动脉。（图 3-67~图 3-69）

图　3-67

图　3-68 　　　　　　　　　　图　3-69

9. 敌我对峙。在敌人以右拳向我进攻的瞬间，我迅速以插掌戳击敌人眼睛，再以弹踢攻击敌人裆部。（图 3-70、图 3-71）

图 3-70

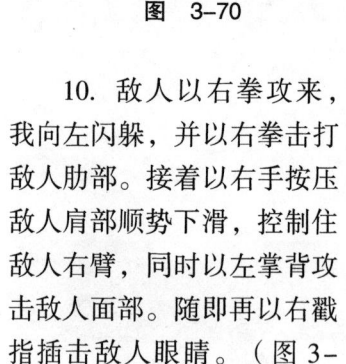

图 3-71

10. 敌人以右拳攻来，我向左闪躲，并以右拳击打敌人肋部。接着以右手按压敌人肩部顺势下滑，控制住敌人右臂，同时以左掌背攻击敌人面部。随即再以右戳指插击敌人眼睛。（图 3-72~图 3-75）

图 3-72

第三章　特种部队徒手格斗术的基本技术与训练方法

图 3-73

图 3-74

图 3-75

11. 敌我对峙。敌人以右直拳攻击我头部，我以左前臂向外格挡，同时以右底掌猛击敌人鼻子，重创敌人。（图 3-76）

图 3-76

12. 敌人右拳攻击我面部，我迅速向左闪躲，同时用左手抓住敌人右臂，用右手刀猛砍敌人颈部。随后用右臂箍住敌人颈部，加力拧抬敌人颈部，以杀死敌人。（图 3-77~图 3-79）

图 3-77

第三章　特种部队徒手格斗术的基本技术与训练方法

图　3-78 　　　　　　　　图　3-79

13. 近距离搏斗时，敌人双手扣住我两手腕，我用力使双臂交叉，右臂在上，左臂在下，左手反抓敌人左腕，右手挣脱后以底掌向敌人下颌猛推。（图 3-80~图 3-82）

图　3-80 　　　　　　　　图　3-81

-45-

图 3-82

第五节 腿法训练与应用

　　腿法技术是特种部队徒手格斗术中最重要的技法之一，在实战搏杀中占有较大的比重。具有踢击距离远、攻击力强、力度大、进攻范围大等特点，主要分为高位踢击和低位踢击两种。高位踢击需要士兵具有良好的腿部柔韧性和良好的身体平衡感，在短期内很难掌握。所以，大多数的特种部队都会练习一些低位踢击术，很少有人练习那些高位踢技。当然也有例外，朝鲜的特种兵就接受以踢技为主的跆拳道技击培训，而且都能掌握凌厉威猛的高位踢击技法，能用脚踢碎一人高的木板。与朝鲜特种兵训练相似的还有俄罗斯的特种兵，这些接受过萨姆勃格斗训练的士兵，能用穿靴的脚给敌人头部以致命的、毁灭性的一击。不过，这些部队在军事表演和训练所展示的高位踢技，在生死搏杀中一般是根本不可取的，因为高位踢击具有预兆大、路线长、空当多、易遭反击、平衡难控制等弱点，不适合在实战搏杀中使用。

在搏击时使用低位踢击不易被敌人反击，因为在低位踢击时单脚离地的时间短，而且由于踢击都是腰部以下的部位，所以收脚时间也很短，具有很好的隐蔽性。敌人一般只注意防范中、上段的进攻，而对于低位踢击很难防守。

一、腿法的标准定型

1. 前踢

（1）左前踢

【动作要领】

在实战姿势的基础上。右腿向前上半步，左腿屈膝使大小腿重叠，以膝关节为轴，小腿向前上弹出。踢完后恢复实战姿势。（图3-83、图3-84）

图 3-83　　　　　图 3-84

【发力方法】

小腿借大腿向前提膝和身体前移的力量向前弹出,力达脚背。

(2)右前踢

【动作要领】

在实战姿势的基础上。左腿向前上半步,右腿屈膝使大小腿重叠,以膝关节为轴,小腿向前弹出。踢完后恢复实战姿势。(图3-85、图3-86)

【发力方法】

小腿借大腿向前提膝和身体前移的力量向前弹出,力达脚背。

图 3-85 　　　　　图 3-86

2. 侧踹

(1)左侧踹

【动作要领】

从实战姿势开始。右腿稍屈,身体略右偏,左腿屈膝提起,脚尖勾起,以脚掌向目标踹击。击完后迅速恢复实战姿势。(图

3-87、图 3-88）

【发力方法】

充分利用展髋、挺膝和腰部力量，力达脚掌。

图 3-87 　　　　　图 3-88

（2）右侧踹

【动作要领】

从实战姿势开始。向左转体180°；同时，右腿屈膝提起，上体顺势侧倾；小腿外摆，脚尖勾起，以脚掌向目标踹击，踹完后恢复实战姿势。（图3-89、图3-90）

【发力方法】

充分利用展髋、挺膝和腰部力量，力达脚掌。

图 3-89

图 3-90

3. 前蹬

（1）左前蹬

【动作要领】

由实战姿势开始。左腿屈膝提起，大腿尽量靠近身体，脚掌正对前方，送髋，由屈到伸迅速向前蹬出，力达脚掌。蹬完后迅速恢复实战姿势。（图 3-91、图 3-92）

【发力方法】

脚蹬地的同时送髋，臀部用力，力达脚掌。

（2）右前蹬

【动作要领】

由实战姿势开始。右腿屈膝提起，大腿尽量靠近身体，脚掌正对前方，送髋，由屈到伸迅速向前蹬出，力达脚掌。蹬完后迅速恢复实战姿势。（图 3-93、图 3-94）

【发力方法】

脚蹬地的同时送髋，臀部用力，力达脚掌。

第三章 特种部队徒手格斗术的基本技术与训练方法

图 3-91

图 3-92

图 3-93

图 3-94

4. 扫踢

（1）左扫踢

【动作要领】

在实战姿势的基础上，右脚向右前上步，脚尖外展；同时，左腿屈膝提起，身体右转，带动左腿横向由外向上、向前弧形摆踢，力达脚背、胫骨，踢完后恢复实战姿势。（图 3-95、图 3-96）

【发力方法】

以腰带腿，逐渐加速拧腰、转髋，弹击的力量。

（2）右扫踢

【动作要领】

在实战姿势的基础上，左脚向前上步，脚尖外展；右腿屈膝提起，身体左转，带动右腿横向由外向上、向前弧形摆踢，力达脚背、胫骨，踢完后迅速恢复实战姿势。（图 3-97、图 3-98）

【发力方法】

以腰带腿，逐渐加速拧腰、转髋，弹击的力量。

图 3-95　　　　图 3-96

第三章　特种部队徒手格斗术的基本技术与训练方法

图　3-97　　　　　　　图　3-98

二、腿法的训练方法

1. 原地空击训练。
2. 提膝靠胸练习。
3. 结合各种步法进行各种腿法的转换练习。
4. 对着镜子做各种空击动作。
5. 踢打沙袋、脚靶练习。
6. 扶物体做各种腿法练习。
7. 两人做条件性实战练习。

三、腿法的应用举要

1. 敌我对峙。敌以右拳攻来，我左臂格防；同时，以右脚弹踢敌人裆部。踢完后右脚落地，左脚向前跨步，以右脚弹踢敌

人左腿后侧，并用右手刀猛砍敌颈后。（图 3-99~图 3-102）

图 3-99

图 3-100

图 3-101

图 3-102

2. 敌我对峙。我逼近敌人，以左拳虚晃；同时，以右摆拳击打敌人头部，若敌人后退躲过，我迅速以左脚前踢敌人裆部。（图 3-103~图 3-105）

图 3-103

图 3-104 　　　　　图 3-105

3. 敌我对峙。我进身切入，同时以左直拳虚晃，若敌人以右臂格架，我迅速以右直拳击打敌人面部，再以前蹬腿蹬踢敌人腹部。（图 3-106~图 3-108）

图 3-106

图 3-107 　　　　　　图 3-108

4. 敌我远距离对峙。当敌人进身，欲以直拳攻击我的瞬间，我迅速以侧踹攻击敌人腹、肋。（图 3-109、图 3-110）

图 3-109

图 3-110

5. 敌我对峙。在敌出腿攻击我的瞬间,我抢先以左侧踹阻截敌人的进攻腿,同时以左直拳击打敌人面部。(图 3-111~图 3-113)

图 3-111

图 3-112

图 3-113

6. 敌我对峙。我进步，以左直拳虚晃敌人面部，若敌后退闪躲，我迅速以左脚弹踢敌人裆部，再续以右扫踢猛踢敌人腰、肋，重创敌人。（图 3-114~图 3-116）

图 3-114 　　　　　　　图 3-115

图 3-116

7. 敌我对峙。我突然以左弹腿踢击敌人裆部，若敌人防守，我迅速向前落步，同时用右腿扫踢敌人膝部，接着再以左腿扫踢敌人腰、肋部（图 3-117~图 3-119）

图 3-117 　　　　　　　　图 3-118

第三章 特种部队徒手格斗术的基本技术与训练方法

图 3-119

8. 敌我对峙。我以左直拳佯攻，同时以右直拳攻击敌人面部，若敌后退躲过，我迅速以右侧踹攻击敌人腰、腹部，重创敌人。（图 3-120~图 3-122）

图 3-120 　　　　　　　　　图 3-121

—61—

特种部队徒手格斗术

图 3-122

9. 敌我对峙。我以左直拳攻击敌人面部，若敌人用右臂格挡，我便以右横肘猛击敌人腮部。趁敌中招后退时，我再以左弹踢攻击敌人裆部。（图 3-123~图 3-125）

图 3-123    图 3-124

-62-

第三章　特种部队徒手格斗术的基本技术与训练方法

图 3-125

10. 敌我对峙。我佯装出拳，将敌人注意力引至上段，然后以右脚弹踢敌人裆部。（图 3-126、图 3-127）

图 3-126 　　　　　　　　图 3-127

—63—

11. 敌我对峙。当敌人欲起腿攻击时，我抢先以左脚踹击敌人膝关节；然后用左底掌猛推敌人下颌，再续以右膝猛顶对方腹部。（图 3-128~图 3-130）

图 3-128

图 3-129 　　　　　　　图 3-130

第三章　特种部队徒手格斗术的基本技术与训练方法

12. 敌人以右脚踢我裆部，我迅速后退，同时擒抓敌人的脚踝，迅速以左脚弹踢敌人裆部。（图 3-131、图 3-132）

图 3-131　　　　　　　图 3-132

13. 敌我对峙。我突然以左戳指刺击敌人眼睛，若敌边退边以右手防守时，我迅速上右步，以右摆拳重击敌面部，趁敌中招迟滞，我迅速以左脚弹踢敌人裆部。（图 3-133~图 3-135）

图 3-133

图 3-134　　　　　　　　图 3-135

第六节　肘法训练与应用

在徒手搏斗中，肘、膝法是造成敌人伤残乃至丧命的武器。世界各国的大多数军队中都很重视肘、膝法的教学，尤其是亚洲的泰国、越南、朝鲜、老挝、缅甸等国家的精锐部队更是不惜花费大量的时间和金钱对士兵进行肘、膝的强化训练。

肘击，是在近距离格斗所使用的技法之一。肘关节的骨头较为坚硬，抗击能力强，具有速度快、难防守等特点。肘击在近身格斗时往往令人防不胜防，其威力不但瞬间可使敌人头破血流，伤筋断骨，而且还可能危及敌人的性命，因此有"肘过如刀"之说。

肘击的诀窍是，发肘时屈臂勿过紧，双拳要虚握，如果屈臂太紧易造成肘击动作缓慢、僵硬、没有弹性。施肘时借脚蹬地之力将腿、腰、髋部的力量催送至肩，再传送至肘尖爆发而出。当

第三章 特种部队徒手格斗术的基本技术与训练方法

和敌人面对面扭在一起时，肘关节应尽量紧贴身体，这样易摆脱敌人的抓拿，从而撞击敌人的下颌、鼻、眼三角区。

一、肘法的标准定型

1. 横肘

（1）左横肘

【动作要领】

由实战姿势开始。左腿向前进半步，身体右转，以拧腰之力带动左肘由外向里横摆。击完后恢复实战姿势。（图 3-136~图 3-138）

【发力方法】

借脚蹬地之力，转身带动肩、肘发力。

图 3-136

图 3-137

图 3-138

（2）右横肘

【动作要领】

在实战姿势的基础上，左腿向前进半步，身体左转，以拧腰之力带动右肘由外向里横摆。击完后恢复实战姿势。（图 3-139~图 3-141）

【发力方法】

借脚蹬地之力，转身带动肩、肘发力。

图　3-139

图　3-140

图　3-141

2. 顶肘

（1）左顶肘

【动作要领】

在实战姿势的基础上，左脚向前迈一步，右脚猛然蹬地，重心前移，同时，左臂折叠抬起，与肩同高，拳心向下，以肘尖领先直线向前撞击，力达肘尖。击完后恢复实战姿势。（图3-142、图3-143）

【发力方法】

肘由后向前撞击，力走直线，充分利用脚蹬地之力，用肩膀将肘向前推送。要以腰带肘，身体稍前倾，以提高肘的穿透力。

图 3-142 　　　图 3-143

（2）右顶肘

【动作要领】

在实战姿势的基础上，右脚快速前跨，重心前移，同时，右臂折叠抬起，与肩同高，拳心向下，以肘尖领先直线向前撞击目

标，力达肘尖。击完后恢复实战姿势。（图3-144~图3-146）

【发力方法】

　　肘由后向前撞击，力走直线，充分利用脚蹬地之力，用肩膀将肘向前推送。要以腰带肘，身体稍前倾，以提高肘的穿透力。

图 3-144

图 3-145 　　　　　　　图 3-146

3. 挑肘

（1）左挑肘

【动作要领】

在实战姿势的基础上，左脚向前进半步，右脚紧跟，双脚蹬地、挺身、提肩，带动左肘由下向上迅速挑打。击完后恢复实战姿势。（图3-147~图3-149）

【发力方法】

借蹬地、拧腰、送肩之力，带动肘部向上顶击。

图 3-147

图 3-148

图 3-149

（2）右挑肘

【动作要领】

由实战姿势开始。右脚向前进半步，左脚紧跟，双脚蹬地、挺身、提肩，带动右肘由下向上迅速挑打。击完后恢复实战姿势。（图 3-150、图 3-151）

【发力方法】

借蹬地、拧腰、送肩之力，带动肘部向上顶击。

图 3-150 　　　　　　图 3-151

4. 砸肘

（1）左砸肘

【动作要领】

在实战姿势的基础上，左臂前收、肘尖上抬，右拳护住颌部，身体迅速下沉，带动左肘由上向下砸击，力达肘尖。击完后恢复实战姿势。（图 3-152~图 3-154）

第三章　特种部队徒手格斗术的基本技术与训练方法

【发力方法】

击肘时身体迅速下沉，力达肘尖，含胸收腹。

图　3-152

图　3-153 　　　　　　　　　图　3-154

（2）右砸肘

【动作要领】

在实战姿势的基础上，右脚向前上一步，右臂前收，肘尖上抬，左拳护住颌部，身体迅速下沉，带动右肘由上向下砸击，力达肘尖。击完后恢复实战姿势。（图 3-155、图 3-156）

【发力方法】

击肘时身体迅速下沉，力达肘尖，含胸收腹。

图 3-155 　　　　　　图 3-156

二、肘法的训练方法

1. 空击练习。提高肘法技能及协调能力，可配合各种步法练习。

2. 击手靶练习。正确掌握发力的方法和肘的击打时机，提高击肘的准确性。

3. 打沙袋练习。提高肘的攻击力和肘的硬度。

4. 肘卧撑。以肘撑地，手托头侧，做侧卧动作。

5. 肘爬行。以肘代手做爬行动作

6. 实战练习，提高肘的进攻技能。

三、肘法的应用举要

1. 敌我对峙。我迅速用左手握住敌人的右上臂；同时，使用右肘猛击敌人下颌。（图 3-157、图 3-158）

图 3-157

图 3-158

2. 敌我对峙。敌人上右步，以右摆拳攻我头部，我左手格挡其右拳，右脚横扫敌人右膝部，再以右横肘猛击敌人面部。（图 3-159~图 3-161）

图 3-159

图 3-160 　　　　　　　图 3-161

第三章　特种部队徒手格斗术的基本技术与训练方法

3. 敌我对峙。我先以左直拳虚晃，接着上步，以右勾拳猛击敌人肋、腹部。趁敌中招迟滞，我再以左横肘攻击敌人面部。（图 3-162~图 3-164）

图 3-162

图 3-163 　　　　　　　　图 3-164

-77-

4. 我迅速从正面以右肘攻击敌人颈部，紧接着下拉敌人头部，并以左膝攻击敌人面部，然后再以右肘猛击敌人后脑。（图 3-165、图 3-166）

图 3-165

图 3-166

5. 敌我对峙。我以左拳攻击敌人头部，敌人若俯身躲闪，我迅速用右肘下砸敌人后脑，重创敌人。（图 3-167、图 3-168）

图 3-167

图 3-168

6. 敌我对峙。我进身切入，以右拳佯攻，紧接着以左拳摆击敌头部，若敌下潜躲过我拳，我迅速以砸肘攻击敌人颈部，并迅速提膝撞击敌人面部。（图 3-169~图 3-172）

图 3-169 　　　　　　　　图 3-170

特种部队徒手格斗术

图 3-171　　　　　　　图 3-172

7. 敌人突然下潜，欲抱我双腿。我向后退一步，以肘朝下砸击敌人脊背。（图 3-173）

图 3-173

8. 敌我对峙。我以左拳佯攻，紧接着以右弹踢攻击敌人裆部，落右脚时身体前俯，以右肘挑击敌人下颌。（图 3-174~图 3-176）

图 3-174

图 3-175 　　　　　　　　图 3-176

9. 敌我对峙。我以左拳虚晃扰敌，紧接着以右拳击打敌人面部，如敌外格我拳，我迅速以左肘猛击敌人太阳穴。（图 3-177~图 3-179）

图 3-177

图 3-178 　　　　　　　图 3-179

第七节　膝法训练与应用

在近距离搏斗时，以膝关节冲撞敌人也是非常有效的招法，因为膝法的隐蔽性好，扭在一起时敌人很难发现我方的攻击意图。用膝撞击敌人的裆部、肋部、胃部、腿部，命中率高，能使敌人在瞬间丧失战斗能力。

在实战搏击时，为了增强膝法的撞击力，在施膝时应辅以收腹、提臀协调一致的合力，才能最大限度地发挥膝击的威力。另外，除了发挥膝法之外，还需要手的配合，可先以两手紧扣敌人颈部，左右摇晃，使其失去重心，同时双手从两侧搂住敌人头部，用前臂紧紧钳住敌人的颈部，迅速提膝撞击敌人。也可夹紧敌人的颈部向后推，利用敌人反抗的力量，提膝撞击敌人裆部。欲施膝法攻击敌人时，不能老看着自己的膝部。否则会使敌人有所警觉，使膝法攻击难以奏效。其次，不能老盯着敌人的裆部，而是要有意识地不看所要击打的目标，抓住战机，果断出击，使敌人猝不及防而遭受重击。

一、膝法的标准定型

1. 顶膝

（1）左上顶膝

【动作要领】

由实战姿势开始。重心后移，右腿支撑身体重心，左腿屈膝，以膝尖为力点迅速向上顶击。击完后恢复实战姿势。（图3-180、图3-181）

【要点】

提臀、提腿要快,支撑腿要稳,顶膝要狠。

图 3-180 　　　　　　　图 3-181

（2）右上顶膝

【动作要领】

由实战姿势开始。重心前移,左腿支撑身体重心,右腿屈膝,以膝尖为力点迅速向上顶击。击完后恢复实战姿势。（图3-182、图3-183）

【要点】

提臀、提腿要快,支撑腿要稳,顶膝要狠。

图 3-182

图 3-183

2. 前冲膝

（1）左冲膝

【动作要领】

由实战姿势开始。右脚上前半步，身体自然前移，重心落于右腿；左腿屈膝，以膝尖为力点向斜前上方猛力撞击，力达膝尖。击完后恢复实战姿势。（图 3-184、图 3-185）

【要点】

提臀要有力，收腹要自然，双手前伸要适度，支撑腿要稳固，步法要灵活。

图 3-184

图 3-185

(2) 右冲膝

【动作要领】

由实战姿势开始。左脚向前上步，身体重心落于左腿，右腿屈膝，以膝尖为力点向斜前上方猛力撞击，力达膝尖。击完后恢复实战姿势。（图3-186、图3-187）

【要点】

提臀要有力，收腹要自然，双手前伸要适度，支撑腿要稳固，步法要灵活。

图 3-186

图 3-187

3. 侧膝

（1）左侧膝

【动作要领】

由实战姿势开始。双手前伸，身体向右侧倾，右腿支撑身体，左腿屈膝提起，沿弧形轨迹撞击目标。击完后恢复实战姿势。（图 3-188~图 3-190）

【要点】

转体、提臀用力，动作协调、自然，发力要狠。

图 3-188

图 3-189 　　　　　图 3-190

（2）右侧膝

【动作要领】

由实战姿势开始。双手前伸，身体向左侧倾，左腿支撑身体，右腿屈膝提起，沿弧形轨迹撞击目标。击完后恢复实战姿势。（图 3-191~图 3-193）

【要点】

转体、提臀用力，动作协调、自然，发力要狠。

图 3-191

图 3-192　　　　　图 3-193

二、膝法的训练方法

1. 髋关节柔韧训练。
2. 空击练习。配合步法练习各种膝法，提高膝法的协调能力。
3. 沙袋练习。两手紧箍沙袋上部，用力扳拽进行膝击沙袋练习。
4. 击靶练习，可提高膝攻的准确性。
5. 双人对练。两人互相搂抱，在相持抱缠或摔绊中练习膝法的灵活性。可互相箍颈、扳拽、下压、膝撞等。

三、膝法的应用举要

1. 敌我对峙。我抢先以直拳攻击敌人面部，乘敌人忙于防守

特种部队徒手格斗术

而中盘露出空当时，我双手迅速扣住敌人颈部用力回拉，同时双膝轮番顶撞敌人面部，将敌人击瘫于地。（图3-194~图3-196）

图 3-194

图 3-195 　　　　　　图 3-196

-90-

2. 敌我对峙。敌人用右直拳向我攻来，我后闪身，随即上右步，以双手抢抱敌人颈部，以左右膝撞击敌人腹部。（图 3-197~图 3-199）

图 3-197

图 3-198 　　　　　　　图 3-199

3. 我用掌佯攻，并以侧踹攻击敌人胫骨，敌人势必因疼痛而弯腰，我趁势扣住敌人头部，用膝撞击敌人面部。（图 3-200~图 3-202）

图 3-200

图 3-201 　　　　　　　图 3-202

第三章　特种部队徒手格斗术的基本技术与训练方法

4. 敌我对峙。我上步，同时以左直拳佯攻敌人面部，若敌人弯腰躲闪，我迅速上左步，以双手紧抱敌人颈部，以膝连环撞击敌人胸、腹部。（图 3-203~图 3-205）

图　3-203

图　3-204 　　　　　　　　图　3-205

5. 在敌人以直拳攻击我时，我抢先以右手戳击敌人眼睛，接着以左肘横击敌人下颌，随即再用左膝撞击敌人腹部。（图3-206~图3-208）

图 3-206

图 3-207

图 3-208

6. 敌我对峙。敌人以右拳攻我头部，我以左臂格挡，紧接着抓住敌双肩向下猛扳，同时以右上冲膝撞击敌人面部。（图3-209、图3-210）

图 3-209　　　　　图 3-210

7. 敌人以双手掐住我喉部，我两掌向上猛推敌人肘关节，同时以右膝撞击敌人裆部，接着再以双掌猛插敌人两肋。（图3-211~图3-213）

图 3-211

特种部队徒手格斗术

图 3-212　　　　　　　　图 3-213

第四章 特种部队徒手格斗术的特殊格斗技法

第一节 头撞攻击法

实战时用头的坚硬处撞击敌人的薄弱处，能有效地打击敌人。在用头撞击时，不管是前撞还是上撞都得用前额，因为前额靠近发际的那部分比较坚硬，若猛烈撞击敌人的鼻子、眼睛、下颌、太阳穴、耳后神经、锁骨等部位，会收到良好的效果。实战时要尽量避免撞击对方的牙齿部分，因为虽然撞击牙齿会使敌人疼痛难忍，但牙齿同时也会对撞击者造成伤害。

在实战搏击时应尽量避免和敌人的前额相撞，因为这种撞击其实是忍耐力的比赛，如果对方的忍耐力比你的强，那效果就适得其反了。同样，尽量不要以头去顶撞那些较低的目标，这主要有两个原因：其一，低于锁骨的目标，用你的手和肘进攻效果更好；其二，头弯得过低，对手会趁势抱住你的头或卡住你的脖子从而使自己处于被动地位。

如果实施头部撞击术时正抓着对手衣服，应把对手猛地向自己方向拉拽，以增加头部撞击的力度。

应用举要

1. 敌我近身扭斗。敌以右手攀住我颈部，欲以左摆肘攻我头部时，我突然压低身体，然后向前猛撞敌人面部。（图4-1、图4-2）

特种部队徒手格斗术

图 4-1 　　　　　　　　图 4-2

2. 敌人正面向我扑来，我两手抓住敌人的两肩，用前额猛撞敌人面部。（图4-3、图4-4）

图 4-3 　　　　　　　　图 4-4

第四章　特种部队徒手格斗术的特殊格斗技法

3. 我被敌人从身后连同两臂一齐抱住，上体动弹不得时。我将头微屈，突然挺颈后撞，用头后部撞击敌人面部。（图4-5、图4-6）

图 4-5　　　　　图 4-6

4. 敌我对峙。我以右拳攻击敌人头部，敌人向后躲闪，并以右直拳反击我头部时，我迅速俯身下潜抱住敌人双腿后拉，并以头顶猛撞敌人腹部和拉腿之合力摔倒敌人。（图4-7~图4-9）

图 4-7

图 4-8 　　　　　　　　　图 4-9

5. 敌我贴身近战。敌人以右手攀住我的颈部，将我的头控制在其下颌的正下方时，我迅速蹬直双腿，以头撞向敌人面部。（图 4-10、图 4-11）

图 4-10 　　　　　　　　　图 4-11

6. 敌双手用力掐我颈部，我突然下蹲，双手同时由下向上从敌人双手内侧向外猛分，并迅速抓住敌人的双肩用力下拉，同时用前额由下向上猛撞敌人下颌或脸部。（图 4-12~图 4-14）

图 4-12

图 4-13    图 4-14

7. 贴身近战时。敌人以双手抓住我双腕，我迅速低头撞击敌人下颌。（图4-15、图4-16）

图 4-15

图 4-16

8. 内围缠斗时，敌双手箍住我的颈部，欲以右膝撞击我时，我左臂屈肘向下格防，同时以右上勾拳猛击敌人左肋，再以头猛撞敌人面部。（图4-17~图4-19）

图 4-17

第四章　特种部队徒手格斗术的特殊格斗技法

图 4-18　　　　　　　　图 4-19

第二节　抓发攻击法

据说在很多国家的特种部队格斗教学中，都有一项揪住敌人头发将其摔倒的战术。

实施抓发时，动作必须迅捷，并严防对手反击。抓住敌人头发回拉，同时以手刀砍击敌人颈部，再续以膝法撞击敌人面部，然后将敌人摔倒，用脚猛力踩击敌人。如果敌人头发较长，可将头发缠于手中，突然施劲向敌人右手外侧扭绞，然后以重拳猛击敌人面部。因为抓发时容易将自己腋窝、肋等部位暴露在敌人的攻击范围之内，所以抓住敌人头发后应立即出招攻击敌人，使敌人无暇反击。

应用举要

1. 绕至敌后，揪住敌人头发向后猛拉，将敌人摔倒。（图 4-20）

特种部队徒手格斗术

图 4-20

2. 左手迅速抓住敌人头发，然后再用右手抓住敌人左手腕，拉发使之旋转倒地，再猛击敌人面部，制服敌人。（图4-21）

图 4-21

第四章　特种部队徒手格斗术的特殊格斗技法

第三节　小拳攻击法

小拳，指除大拇指以外，其余四指的第二关节弯曲紧贴手掌形成的拳法，具有较强的杀伤力。利用小拳迅猛短促地击打敌人的鼻梁是一种绝佳的攻击手段。敌人若被击中后必然剧痛难耐，视线模糊，暂时失去攻击能力，此时可趁机攻击敌人的裆部和腹、肋，从而制服敌人。小拳攻击的部位一般是喉结、心窝、胃等部位。

应用举要

实战中，我突然以右手小拳猛击敌人鼻梁，趁敌中招迟滞，我再续以左弹踢攻击敌人裆部。（图4-22、图4-23）

图 4-22　　　　　　图 4-23

-105-

第四节 嘴咬攻击法

在实战搏杀中,有经验的特种兵从不忽略嘴咬的作用。也许有人认为嘴咬招式拙劣,但在生死存亡搏杀中只要能制服敌人,什么样的招法都可以使用。

嘴咬的部位一般是敌人的耳朵、手指、鼻子等部位。因为这些部位都较为突出,而且单薄脆弱,很容易咬住。在实战中一旦咬住敌人后不要松口,边咬边以手指抠挖敌人的眼睛,使敌人陷入被动挨打的境地。

在实战搏杀中,若敌人从前面紧紧抱住你时,可用嘴咬敌人颈部、耳朵、鼻子或面部,这样处于被动的你才能有获得生存的机会。在咬住敌人后,趁敌人疼痛的瞬间,可再以指戳、抠眼、踢裆等毒招攻击敌人。不管如何,嘴咬是一种夺取主动权的手段,是一种攻击的前奏。

应用举要

敌我贴身扭斗。敌人从前面紧紧抱住我时,我用牙齿狠咬敌人耳朵,从而制服敌人。(图4-24)

图 4-24

第四章　特种部队徒手格斗术的特殊格斗技法

第五节　杯形手掌攻击法

两手做杯状，同时拍击敌人双耳，这是极具摧毁力的杀招，轻则能击穿敌人耳膜，使敌人耳内出血，精神恍惚，重则会造成敌人脑震荡甚至死亡。

应用举要

当敌人从前面以双手掐住我的喉部时，我双手由下向上从敌人双臂内侧向外猛分，紧接着以两手同时拍击敌人的双耳。（图4-25~图4-27）

图　4-25

图　4-26 　　　　　　图　4-27

第六节　掏裆攻击法

在贴身缠斗时，最有效的手段之一就是掏抓敌人裆部。因为裆部血管神经丰富，用力紧抓能使敌人疼痛难忍，失去反抗能力，甚至危及生命。

当被力大无穷的敌人死死搂抱住时，只要有一只手可以活动，就可毫不犹豫地攻击敌人裆部，这时敌人会因为疼痛难忍而放弃对我的控制和攻击。这时若再施以其他重招，就可制服敌人反败为胜了。如果敌人从后面搂抱时，我快速下蹲闪开敌人的攻击，同时以肘关节向后攻击敌人的裆部。

应用举要

1. 敌人从后面抱住我而我右手在外面时，我迅速以右手掏抓敌人裆部。（图4-28、图4-29）

图 4-28　　　　　　　图 4-29

第四章 特种部队徒手格斗术的特殊格斗技法

2. 敌人从前面搂住我而我的左手在外时，我先以左手掏抓敌裆，再以头猛撞敌人面部。（图4-30~图4-32）

图 4-30

图 4-31    图 4-32

第七节　手指抠抓攻击法

在和敌人搂抱缠斗时，士兵拇指蜷曲向掌心，四指成爪状，对敌头、脸、颈施以抓、撕等动作。抓、撕的唯一目的就是使一个妄图侵害你的敌人受伤致残。

当被敌人控制住两手尚能活动时，可以用拇指抠挖敌人的眼睛。眼睛的组织较为薄弱，若受到攻击，能使人产生剧痛从而导致双目失明，用手指抠挖眼睛，能使眼球破碎、眼皮撕裂。此招不到生死关头，不要轻易使用。

应用举要

1. 敌人从前面以双手抱住我的腰部，我以左手环抱其腰，右手抠挖敌人面部。（图4-33、图4-34）

图 4-33 　　　　　　　图 4-34

2. 敌人从前面以双手抱住我的腰部，我以双手抓住敌人头两侧，以拇指抠挖敌人双眼。（图 4-35）

图 4-35

第八节　拳侧攻击法

握拳后以小指一侧敲打敌人是非常实用的攻击技法。在和敌人缠身扭斗时，可猛摆前臂，用拳侧击打敌人太阳穴，这时如果敌人面部失去保护，也可猛击其鼻梁。在实战搏杀时攻击敌人颈部也很有功效，肘关节放松，前臂猛弹，可一下击倒敌人。此外，锁骨也是重要的攻击目标。锁骨比较脆弱，若受到猛烈击打，可导致骨折，使敌人瘫倒在地。

应用举要

1. 和敌人近身缠斗时，我抬起前臂，先使拳头折向自己，然后再瞄准敌人鼻梁用力砸下。在这个过程中，注意保持身体平

衡。（图 4-36、图 4-37）

图 4-36 　　　　　　　图 4-37

2. 敌我近身扭斗。我倒出一只手，挥臂以拳侧猛砸敌人太阳穴。（图 4-38、图 4-39）

图 4-38 　　　　　　　图 4-39

第九节　窒息与锁定攻击法

如果拳腿攻击方法仍未制服敌人，就只有采用掐窒、勒颈、头部锁定等内围搏杀方法制服敌人。

由于颈部的特殊生理作用，使其在贴身近战中常常被列为重要的攻击目标。咽喉位于颈部正中部位，包括呼吸道和食道，两侧有颈动脉及其分支。若咽喉被卡，可使呼吸困难窒息而亡。两侧的颈动脉若受到重压则会使大脑缺血引起头晕、昏迷或死亡。如果用力压迫颈动脉窦，则会使心脏骤停，引起猝死。颈椎缺乏肌性保护，在外力作用下可导致脱臼、骨折或关节错位，危及生命。正因为如此，许多特种兵在实战搏杀时都会瞄准颈部进行攻击。

在突袭时，从敌人身后以右臂抱住敌人颈部向后用力拉勒，同时左前臂弯曲置于敌人的头后，用力向前猛推敌人头后部，在右臂勒和左臂推的合力作用下，能使敌人呼吸困难而窒息。

当特种兵在执行维和任务时，许多攻击技术受到了限制。这时反关节锁定技术就成为极其重要的制敌技术。如在北爱尔兰地区，英国士兵就能在不伤害进犯者身体的情况下，利用头部锁定或手指锁定的技术控制和制服进犯者。

反关节锁定术是徒手格斗中很重要的技术之一。它所实施的技术动作就是使人的关节超过正常生理活动范围，产生一种不可忍受的疼痛，从而导致全身受制的锁定术。

关节是指骨与骨的连接处，通过附着在关节周围的肌肉、韧带，在神经系统的支配下，实现人体的正常运动。任何关节的生理结构和活动范围都是不可改变的，如果超出了关节的活动范围，关节的凹凸两面就会相互脱离造成脱臼，而关节周围的肌肉、韧带也就会出现断裂、损伤，引起剧烈的疼痛，从而丧失活动能力。特种兵锁定技术攻击的目标主要是肩关节、肘关节、手指关节、腕关节等。

肩关节稳定性差，若用暴力向左右拧、向后扳至极点，就会造成肩关节脱位，引起韧带、肌肉撕裂致伤。

肘关节活动范围相对较小，当肘关节完全伸直时，用力推压鹰嘴骨部位容易造成关节脱臼，韧带、肌肉撕裂或鹰嘴骨骨折，从而使前臂的功能丧失。

腕关节活动范围较大。但很薄弱，如果用力使手腕向任何一个方向过渡扳、拧，都能使手腕关节脱位，韧带和肌腱损伤甚至断裂。

手指锁定是特种部队比较推崇的技法之一。锁指功夫可用在逮捕战争罪犯或制服街头酗酒闹事者等人群。锁指功夫的独特作用在于它能轻而易举地制服敌人。因为手指锁定应用的是物理学上的杠杆原理，只需要往敌人手指上稍稍加力，使敌人的手指关节超出正常生理活动范围，就能使敌人关节不能活动而致全身受制。

一、窒息与锁定的训练方法

1. 初学者训练时须由浅入深，由易到难，循序渐进，从规范动作开始练习，进行科学的训练。首先要掌握基本功与基本技术，熟悉人体要害部位。基本功包括臂功、腿功等，通过基本功的训练，掌握打、踢、挡、抓、拧、拉等动作要领。

2. 两人进行条件性实战训练，以增强实战的真实体验，待技术熟练后方可进行自由实战练习。

窒息与锁定训练的注意事项：

①训练时可互相叙述体会，通过痛感和被控制的程度相互判定动作的正确与否。

第四章 特种部队徒手格斗术的特殊格斗技法

②开始练习时重点掌握动作要领，变化规律。但是应逐渐注意灵活运用，不拘泥于型、势。

③锁定技术是使用相关技术迫使对手的关节超出正常生理活动范围的技术，在训练时容易使肌肉、关节、韧带等拉伤，所以，练习时必须小心谨慎，避免伤害事故的发生。

二、窒息与锁定的应用举要

1. 敌我对峙。我突然转身于敌人背后，左手猛力拍压敌人后脑，同时右臂抱住敌人颈部用力向后勒拉，右手反扒左臂，左手置于敌人后脑向前推压，使敌人因呼吸困难而窒息。（图4-40~图4-42）

图 4-40

图 4-41

图 4-42

2. 当敌我双方抱缠在一起时，我突然以右脚踩踏敌人脚前，若敌人因疼痛松手，我迅速用右手封住敌人肘关节，趁势转向敌人身体侧面，以左拳攻击敌人腰、肋。紧接着，以右手抱住敌人面部并转到敌人后面，换左手抱住敌人颈部用力向后勒拉，并以右腿踢敌人的腘窝处制服敌人。（图4-43~图4-49）

图 4-43

图 4-44

图 4-45

图 4-46

第四章　特种部队徒手格斗术的特殊格斗技法

图　4-47

图　4-48 　　　　　　　　　　　图　4-49

3. 敌人右手抓住我左手腕，我右手大拇指向上，虎口向上，一并抓住敌人的四个手指，随即迎面推之，大拇指向外推并下按，其余四指向里带，使敌疼痛难熬，受制于我。（图 4-50、图 4-51）

图 4-50

图 4-51

4. 我逼近敌人，以左弹腿弹踢敌人裆部。趁敌人疼痛收腹之际，我再以右摆拳猛击敌人头部，左臂迅速由前锁紧敌人颈部，制服敌人。（图 4-52~图 4-54）

图 4-52

第四章 特种部队徒手格斗术的特殊格斗技法

图 4-53 　　　　　　　　图 4-54

5. 敌人以左手抓住我胸部企图以右拳攻击我面部，我右手抓住敌人左手腕，左臂格挡敌人右拳。然后右脚向敌人右腿后插步；同时，右手抱住敌人的颈部向左转体，左手扒敌人眼睛，制服敌人。（图 4-55~图 4-58）

图 4-55 　　　　　　　　图 4-56

-119-

特种部队徒手格斗术

图 4-57 　　　　　　　图 4-58

6. 乘敌不备，我从敌人背后将双臂从敌两腋下插入并向上穿插至敌人颈后，双手张开，十指相扣，两手用力按住敌人的后脑部，同时两臂上提，使敌人的身体上起，制服敌人。（图 4-59、图 4-60）

图 4-59 　　　　　　　图 4-60

-120-

第四章　特种部队徒手格斗术的特殊格斗技法

7. 敌我对峙。敌以左直拳攻我腹部，我用左手向下拍压，并顺势抓住敌人左手腕，用力反拧，迫使敌人身体右转。接着我右腿向前上步，右掌向下猛压敌人左肩，拇指紧扣肩窝，左手抓腕上抬，控制敌人的肩关节。（图4-61~图4-63）

图　4-61

图　4-62 　　　　　　　　　图　4-63

8. 我逼近敌人，以右勾击拳击打敌人腹部，趁敌中招收腹之际，我右手从敌人腰间向外穿出，并从敌人右腋下向外反扒敌人右肩；同时，左手迅速抓住敌人右手腕外拉，右臂猛力扛敌人肘部，并向右转身，左脚向左前上步，上步折腕前推，制服敌人。（图 4-64~图 4-66）

图 4-64

图 4-65 　　　　　　　　图 4-66

第四章 特种部队徒手格斗术的特殊格斗技法

9. 敌我对峙。敌人双手掐住我的颈部，我双手握紧敌人两手腕并向手指部位上滑握住敌人的手指用力后拉；同时，以右脚踢击敌人前腿，迫使敌人倒地。（图 4-67~图 4-70）

图 4-67

图 4-68

图 4-69

图 4-70

10. 我出右拳，敌人以右手擒抓我的右手腕，我迅速用左手压住敌右手背，右拳变掌外别并抓住敌人手腕，用两手合力向右下方拉压敌人手腕，同时上步，用左肘猛压敌右肘部，制服敌人。（图 4-71~图 4-73）

图 4-71

图 4-72 　　　　　　　　图 4-73

第四章　特种部队徒手格斗术的特殊格斗技法

11. 敌人以右直拳攻我面部。我以左手向里格拨来拳，同时以右脚猛踢敌人膝关节的内侧，接着我向前以右肘猛击敌人的头部，随即我用手臂缠绕住敌人的颈部，右腿屈膝下跪，右臂上抬紧勒敌人颈部，制服敌人。（图4-74~图4-77）

图　4-74

图　4-75

图　4-76

图　4-77

12. 我从后面靠近敌人，用右脚迅速踹击敌人腘窝；趁敌人后仰下跪之际用右臂抱锁住敌人的颈部，随后迅速抬起左臂，并将右手放在自己肘窝处夹紧，然后以左手用力向前推压敌人的后脑和右臂猛然回拉的合力制服敌人。（图4-78、图4-79）

图 4-78

图 4-79

13. 敌我对峙。我用右脚猛踢敌人的膝关节，若敌人反抗时，我抓住其手指并将其锁住，并用力下拽，使敌人跪倒在地上。如果敌人企图站立起来，我迅速以右膝撞击其面部。（图4-80~图4-82）

图 4-80

第四章 特种部队徒手格斗术的特殊格斗技法

图 4-81 　　　　　　　　图 4-82

14. 敌人以右直拳攻我头部，我迅速闪身；同时，以左手挡抓敌人右手腕，紧接着以右腿弹踢敌人裆部，右脚落地，右手从敌人腋下穿过并反扒敌人右肩配合转体，制服敌人。（图 4-83~图 4-86）

图 4-83 　　　　　　　　图 4-84

-127-

特种部队徒手格斗术

图 4-85 　　　　　　　　图 4-86

15. 敌我对峙。敌人以右拳攻我面部，我向左躲闪；同时，以右脚扫踢敌人小腹部。然后用右臂缠绕在敌人颈部。用力向后扳压并将敌人拉倒在地后，制服敌人。（图 4-87~图 4-90）

图 4-87 　　　　　　　　图 4-88

-128-

第四章　特种部队徒手格斗术的特殊格斗技法

图 4-89　　　　　　　　　图 4-90

第十节　被动解脱攻击法

搏杀中，若我的要害、关节部位被敌人控制后，必须迅速解脱，然后干脆、果敢地进行反击，直至敌人丧失进攻能力，才能达到自卫的目的。

被敌人抓住的拆解技术有很多，但要有效地使用这些技巧，首先得了解敌人的姿势、平衡和力量的变化。并巧妙利用敌人的力量及其瞬间推拉的动作，才能脱离敌人的控制从而有效地反击敌人。

在被敌人擒、锁住时，牙咬、挖眼等手段将发挥出人意料的作用，可以帮助士兵迅速解脱敌人的攻击。抠眼睛和牙咬的动作，虽然有时不足以使敌人失去反抗能力，但它能使敌人瞬间剧痛，或酸软无力，给士兵摆脱或反击创造良好的时机。

一、被动解脱的训练方法

1. 空击练习。假想敌人将我控制,我设法解脱其控制并反击敌人。练习时如临强敌,要有实战意识。

2. 诱导练习。找一名经验丰富的训练伙伴,诱导练习者训练反擒拿技术。

3. 对练。两人共同演练,可互相擒锁对方及破解对方的擒锁。此练习力量不宜太大,重点是分析、研究、熟悉擒锁技术的结构,培养被动解脱的战术运用。

二、被动解脱的应用举要

1. 敌人从侧面锁住我颈部。我以右手向后推敌人下颌,左手抱住敌人左腿向上猛抬,随即再以左手猛推敌人下颌。解除束缚后,即可控制敌人,令其顺时针旋转失衡倒地。(图4-91~图4-93)

图 4-91　　　　　　　　图 4-92

第四章　特种部队徒手格斗术的特殊格斗技法

图 4-93

2. 敌人从后面突然抱住我的腰部，我重心下沉，保持好身体平衡，两手紧紧抓住敌人的双手，身体用力向左拧转，将敌摔倒，完成解脱。（图 4-94、图 4-95）

图 4-94 　　　　　　　　　图 4-95

3. 当敌人从前面抓住我的头发时，我立即用两手将敌人手腕向下按压，头部用力向上顶；同时，用左脚踹击敌人膝关节外侧，重创敌人。（图 4-96~图 4-99）

图 4-96

图 4-97

图 4-98

图 4-99

第四章 特种部队徒手格斗术的特殊格斗技法

4. 近身缠斗时，敌人右手扒住我的颈部，正欲以左摆拳攻击我时，我迅速以右掌根猛推敌人鼻梁，重创敌人。（图4-100、图4-101）

图 4-100

图 4-101

5. 敌我近身搏斗。当敌人企图抱我腰部施摔时，我双手向上勾住敌人的手臂，用下颌顶住敌人的肩部或是颈部，右脚向右撤一步，全身用力下压敌人，从而制服敌人。（图4-102、图4-103）

图 4-102

图 4-103

6. 敌人从后面将我腰及两臂一齐抱住，我左手向后用力抠抓敌人裆部，乘敌弯腰之时，我以左肘向后猛击敌人腹部，解除束缚。（图4-104~图4-106）

图 4-104 　　　　　　　　图 4-105

第四章 特种部队徒手格斗术的特殊格斗技法

图 4-106

7. 敌人以右手抓住我的胸部，我迅速用左手扣压住敌人手腕，右手从外向内扣抓住敌人的右手小指侧部位用力向右扳，随即左手用力推按敌人右臂，并用左脚扫绊敌人右脚，从而摔倒敌人。（图 4-107~图 4-110）

图 4-107    图 4-108

图 4-109 　　　　　　　　图 4-110

8. 敌我对峙。敌人以左手抓住我左臂，我立即以左侧踹腿攻击敌人腹、肋，紧接着左脚落地，以右掌猛砍敌人颈部，重创敌人。（图4-111~图4-113）

图 4-111 　　　　　　　　图 4-112

第四章 特种部队徒手格斗术的特殊格斗技法

图 4-113

9. 敌人从前面两手掐住我喉部，我右手抓住敌人右手腕，左手推住敌人右臂；同时右脚后撤，身体右转，左手弧形按压敌人肘关节，将敌人制服。（图 4-114~图 4-116）

图 4-114    图 4-115

-137-

图 4-116

10. 敌人从后面锁住我的喉部，我右手抓住敌人右臂向下拉，避免敌人用力紧箍而造成窒息，左拳向后用力击打敌人裆部，乘敌人弯腰之际，左手抓住敌人右臂，两手协力向下拉，使用过背摔动作，摔倒敌人。（图4-117～图4-120）

图 4-117 　　　　　　　图 4-118

第四章 特种部队徒手格斗术的特殊格斗技法

图 4-119

图 4-120

11. 敌人从正面以两手掐住我喉部，我左手在外，用力推按敌人右肘，右手变勾拳，由下向上击打敌人下颌。左手由敌人右臂内侧按压敌人肩部，右手勾按敌人头后，同时以右膝顶撞敌人面部。（图4-121~图4-123）

图 4-121

图 4-122

图 4-123

第四章　特种部队徒手格斗术的特殊格斗技法

12. 敌人以左手抓住我胸部，我右手迅速扣按住敌人左手，随之身体左转，右肘趁势下砸敌人左臂，在敌人欲挣脱之际，我立即以右手刀平砍敌人咽喉，重创敌人。（图 4-124~图 4-127）

图 4-124

图 4-125

图 4-126

图 4-127

13. 敌人从前面突然抱住我腰欲施毒招，我右脚迅速后撤半步，双腿略屈，左手向下按敌头部，右手托住敌人下颌由下向上推，挫其颈部，使敌人呼吸困难，丧失格斗能力。（图4-128、图4-129）

图 4-128　　　　　　　图 4-129

14. 敌人从前面以右臂勒住我颈部，我左手紧抓敌人右手腕，右手插入敌人右胁，右腿插入敌人的两腿间，右臂上穿和挺身同时进行，解除敌人的束缚后，我调整姿势，以右膝顶击敌人面部。紧接着左手别住对方手臂，从而制服敌人。（图4-130~图4-133）

图 4-130

第四章　特种部队徒手格斗术的特殊格斗技法

图 4-131

图 4-132 　　　　　　　　图 4-133

15. 敌人从后面以双手掐住我颈部，我收下颌、提肩，双手分别抓住敌人手腕；同时，用右腿撩踢敌人裆部。紧接着两手向前拉拽敌人双臂并向后撤步，将敌人从背后向身前摔过，制服敌人。（图4-134~图4-137）

图 4-134

图 4-135

图 4-136

第四章　特种部队徒手格斗术的特殊格斗技法

图 4-137

16. 敌我贴身近战。敌人双手抱住我腰，我起右膝撞击敌人裆部，接着向后撤右脚，用右手掐住敌人喉咙，左手抱住敌人的腰部用力回拉，右手用力向下推压，两手交叉发力制服敌人。（图 4-138~图 4-141）

图 4-138 　　　　　　　图 4-139

图 4-140 　　　　　　　　图 4-141

17. 敌人从正面将我身体和手臂紧紧搂住。我迅速双手合握用力撞击敌人裆部，迫使敌人后撅臀部，拉开一定的距离。这时我左手抓住敌人右臂，右手托住敌人腋下，右脚迅速上步，同时身体向左转180°，将敌人摔倒。（图4-142~图4-146）

图 4-142 　　　　　　　　图 4-143

第四章 特种部队徒手格斗术的特殊格斗技法

图 4-144

图 4-145

图 4-146

-147-

18. 敌人双手掐住我的颈部，我左手抓住敌人右臂，同时向左转身并举起右臂猛砸敌人双臂。接着上身回转，用右肘猛击敌人面部，顺势用侧踹腿攻击敌人膝部。（图 4-147~图 4-152）

图 4-147

图 4-148

图 4-149

图 4-150

第四章　特种部队徒手格斗术的特殊格斗技法

图 4-151 　　　　　　　　　图 4-152

19. 敌人双手抓住我的衣领，我左手下拉敌人右臂，同时以右掌根推击敌人下颌。重创敌人。（图4-153、图4-154）

图 4-153 　　　　　　　　　图 4-154

20. 敌人从我右侧用手臂搂住我颈部，我右手抓住敌头发向后拉，敌人势必仰头挺身，此时我以左拳击打敌人裆部。从而制服敌人。（图 4-155、图 4-156）

图 4-155 　　　　　　　　图 4-156

第十一节　摔法

摔法是特种部队徒手格斗术中近身缠斗的重要击法之一，它不同于柔道、摔跤等项目，因为柔道、摔跤等项目是摔倒对手就停止了进攻，而特种部队徒手格斗术的摔法则是将敌人摔倒后仍然要用踢、打、拿等相关技法进攻敌人，直至杀死敌人或制服敌人为止。所以，在练习特种部队徒手格斗术的摔法时，不仅要练好摔法中的勾、踢、绊等技术，还要结合其他的攻击技法进行练习。例如：使用摔法将敌人摔倒后，再用脚猛踢敌人的头、裆等部位，从而制服敌人。

第四章 特种部队徒手格斗术的特殊格斗技法

一、摔法的训练方法

1. 假想空摔。假想对手进行攻击，我方以摔法进行反攻。练习时如临强敌，要有实战意识。
2. 两人配合。同伴以各种招法攻击受训者，受训者利用某一摔法动作反复进行训练。
3. 摔沙人训练。运用某种摔法进行摔沙人训练。
4. 对抗练习，通过近似实战的练习，可以改进技术不足，进一步提高受训者摔法的实用性。

二、摔法的应用举要

1. 敌人以右拳击我面部，我迅速用左手进行挡抓，同时以右手掐住敌人咽喉向后推。右脚插至敌人右脚外侧并向后别，以左手拉、右手推、臀部顶三者之合力将敌人摔倒在地，制服敌人。（图4-157~图4-159）

图 4-157　　　　图 4-158

图 4-159

2. 敌人以右摆拳攻来，我以左手向里格挡，趁机以左手勾住敌人的右腿上抬。若敌人将腿卡在我两腿中间做出抵抗时，我双腿夹紧，双手下压敌人的膝关节使敌人倒地。（图 4-160~图 4-164）

图 4-160 　　　　　　图 4-161

第四章 特种部队徒手格斗术的特殊格斗技法

图 4-162

图 4-163

图 4-164

-153-

特种部队徒手格斗术

3. 我用左直拳攻击敌人面部，趁敌人防守后仰时，我迅速下蹲，双手搂抱住敌人膝关节；同时，用肩向前顶靠，利用双手后拉和肩部的顶靠之力，将敌人摔倒。（图4-165~图4-167）

图 4-165

图 4-166

图 4-167

第四章 特种部队徒手格斗术的特殊格斗技法

4. 敌人以右拳击打我面部，我左臂格挡，随即迅速下潜，两手搂抱敌人左腿，左肩顶住敌人髋部，两手抱紧敌人左腿向上提拉，并向右后转身撤步，左肩猛向前下顶撞敌人大腿，使敌人倒地。（图 4-168~图 4-170）

图 4-168

图 4-169 　　　　　图 4-170

5. 我快速逼近敌人，以右膝顶撞敌人左大腿；同时，左臂紧锁敌人颈部，再以左腿别住敌人左腿，摔倒敌人。（图 4-171~图 4-173）

图 4-171

图 4-172

图 4-173

第四章 特种部队徒手格斗术的特殊格斗技法

6. 敌人从正面以右臂锁住我颈部，我以左手抓住敌人右臂，同时上左步、左转身，右手攻击敌人裆部，若敌人以右脚踢我时，我双手抱住敌人大腿向左拧压，将敌人摔倒。（图4-174~图4-177）

图 4-174

图 4-175

图 4-176

图 4-177

7. 敌人以右拳向我面部击来，我用左手向外格挡并抓住敌人的前臂，右拳猛击敌人面部，趁敌人受击后仰之际，右脚向前上步，同时左臂下拉敌人右手，右臂从敌人裆部穿过抱住敌人右腿，用肩顶住敌人腹部，用力向上将敌人扛起，并配合左手下拉，右臂上掀的动作将敌人从体侧摔倒。（图4-178~图4-181）

图 4-178

图 4-179 　　　　　　图 4-180

第四章　特种部队徒手格斗术的特殊格斗技法

图 4-181

8. 敌人突然以右摆拳攻来，我左手格挡并擒抓敌人手腕迅速下带，右臂向上猛托敌人肘关节，令敌人踮起脚尖。再以右腿扫踢敌人。（图4-182~图4-184）

图 4-182

图 4-183

图 4-184

9. 敌人用左拳攻击我腹部时，我迅速单膝着地，双手抱住敌人前腿，以肩猛顶敌人膝关节，将敌人摔倒。（图 4-185~图 4-188）

图 4-185

图 4-186

第四章　特种部队徒手格斗术的特殊格斗技法

图　4-187

图　4-188

特种部队徒手格斗术

10. 敌人以右拳攻击我面部，我左手格挡并抓住敌人右手腕，右脚向敌人右腿后插步，同时右手从敌人右腋下穿过并抱住敌人右臂，左脚向后撤步，猛力向左下弯腰转体，同时蹬腿、顶臀，双手下拉，将敌人从体侧摔倒，再以脚踩踏敌人面部。（图4-189~图4-193）

图 4-189

图 4-190

图 4-191

图 4-192

第四章　特种部队徒手格斗术的特殊格斗技法

图 4-193

第十二节　地面缠斗攻击法

地面缠斗是指敌我双方倒地后所使用的搏斗技术，分为两种情况，一种是敌我双方都倒地后所使用的搏斗技术，另一种是我自己倒地而敌人站立所使用的搏斗技术。

一般情况下，自己倒地而敌人没有倒地时，一定要注意自己要害部位的防守，在防守的同时寻找反击敌人的有利机会。

无论何种原因而倒地，都应牢记：充分利用一切可利用的手段，迅速直接地打击敌人的要害部位，努力利用场地上可使用的武器，在更严酷的情况下，要尽力而为，不惜一切代价。只要能破敌，没有人在乎你使用了什么手段。

一、地面缠斗的训练方法

为了发展地面揪扭技术，每星期都应在垫子上与陪练人员进行训练。陪练员应具有耐力，乐意反复进行基本技能训练，只有这样才能帮助练习者掌握高超的揪扭技能。训练者与陪练不要急于求成，注意训练的安全性。

二、地面缠斗的应用举要

1. 敌人骑压在我腹部，双手掐住我的喉咙，我把双手插入敌人双手里侧，然后用力外撑。敌人因极力阻止我双手插入而身体前倾，此时我看准时机，以手指去戳击敌人眼睛，若敌人受攻击一松劲，我趁机推翻敌人并将其制服。（图4-194~图4-196）

图 4-194

图 4-195

第四章　特种部队徒手格斗术的特殊格斗技法

图 4-196

2. 敌人骑在我身上并掐住我喉咙，我双掌合十插入敌双臂内，猝然施力外撑，随即以右肘猛撞敌人肋部。（图 4-197~图 4-199）

图 4-197 　　　　　　　　　图 4-198

-165-

图 4-199

3. 我被身高力大的敌人平行地压在身下，此时努力挣脱出一条腿并移向一边，用膝关节猛力顶撞敌人肋部，趁势推翻敌人，转入反击。（图 4-200~图 4-202）

图 4-200 　　　　　　　图 4-201

第四章 特种部队徒手格斗术的特殊格斗技法

图 4-202

4. 敌人以腰背压住我胸膛，双手抱缠住我的颈部。我以右手掌推压敌人下颌，用左肘猛击敌人小腹。（图 4-203~图 4-205）

图 4-203

图 4-204

图 4-205

5. 敌人骑在我身上并掐住我喉咙，我两手分别抓住敌人双手向上猛推。同时两腿分别沿敌人体侧猛蹬敌人下颌，使敌倒地，紧接着用肘猛砸敌人裆部。（图4-206~图4-208）

图 4-206 　　　　　　　　图 4-207

图 4-208

第十三节　徒手对刀攻击法

徒手对刀就是指特种兵在赤手空拳的情况下，面对一个持刀敌人的攻击时所采用的搏斗技术。在训练时要求特种兵必须具备以下素质：

第一，必须胆大心细，沉着冷静。拳谚道："沉着为拳艺之本，惊慌之下无拳艺。"在面对持刀敌人时，一般人由于心理上的恐惧而容易产生发抖、肌肉发僵、动作呆滞、笨拙，在这种情况下，任何神功妙技都难以发挥。因而当你面对持刀敌人时，要有凛然无敌的英雄气概，或大声喊叫，或寻找武器战胜敌人。

第二，熟悉刀路，把握时机，要制服持刀的敌人，必须明白刀的技术与刺法，方能决定自己防守和反击所采取的动作，从而破解敌人的攻击。

第三，重视技术，善于智取。在综合了踢、打、摔、拿等各种技术的基础上，根据敌人握刀的方法、刺出的方向及其身体姿势而实施一系列紧急防卫技术。如果毫无搏击基础，要防卫、夺刀就好比虎口拔牙，结果可想而知。俗话说，"艺高人胆大"。就抗暴而言，只有功夫精绝，信心才能倍增。在激烈的生死搏杀中，单凭斗勇、盲目行事，是非常危险的。只有机智沉着地实施谋略，运用战术，破坏敌人的刺击动作，方能克敌制胜。

一、徒手对刀最常见的防卫方法

1. 刺腹法的防卫。敌人持刀向我腹部直刺时，我迅速收腹探身，双手在体前交叉并抓住敌人持刀手腕，逆向反拧，随即夺下敌人手中的刀，将敌制服。

2. 下刺法的防卫。敌人持刀从上向下刺来，我疾速滑步向前，右脚移至敌人右脚后侧，左手抓住敌人持刀手臂，使其难以下刺。紧接着我用另一手攻击敌人颈部或下颌处；同时，右脚扫绊敌人前腿，摔倒敌人。

3. 斜下刺法的防卫。敌人持刀从斜上方向我刺来，我左臂格挡并抓住敌人手臂，以右掌攻击敌人下颌。紧接着向前滑步，右手从敌人持刀的手臂下穿过，反勾敌人持刀之手用力上抬，左手用力下压，使敌人难以支撑而摔倒。

4. 平刺法的防卫。敌人持刀水平向我刺来，我迅速侧身，以左手抓住敌人肘部，右手擒住敌人持刀手腕，左脚猛力踹击敌人右腿腘窝处，将敌人踩倒。一旦敌人膝部着地，便可制服敌人。

5. 刀架喉部的防卫。敌人从身后以右臂勒住我的颈部，右手持刀逼住我的喉部，我右手上穿扣住敌人持刀手腕，左手抱住敌人持刀手臂用力下拉，同时臀部向后顶撞敌人小腹部，将敌人从背部用力向前摔出从而制服敌人。

在徒手对付持刀敌人的搏斗时,我们身边有无数东西可以当做武器,如木棍、树枝、石头、板凳、沙子、皮鞋等都可以用来对付持刀敌人。再如拿一件外衣,可以展开来扰乱敌人视线,使敌人难以觉察我的攻击意图,然后使用踢、打等方法攻击敌人的要害部位从而制服敌人。

假如身边有树枝,应立即拾起,与敌人保持一定的距离,当敌人处于有效的打击范围内,我迅速攻击其要害部位。如树枝较长,应刺、打结合,如树枝较短,在防卫中击打敌人持刀手腕。如果身边有石头、砖块,应马上捡于手中,在敌人杀来时照准他的脸部投去。

皮带也具有一定的防卫效果。施用时将皮带展开来攻击敌人,主要攻击敌人眼睛等薄弱部位。

二、徒手对刀的训练方法

1. 训练初期。受训者戴上防护眼镜,对手手持沾过颜料的大刷子攻击受训者,受训者设法不让刷子沾到自己身上。训练结束后检查受训者身上留下的刷子印有多少。

2. 技术训练期。受训者徒手与手持橡皮刀的对手进行训练,当训练到动作自动化的时候,可用真刀进行训练。但在训练时一定要注意安全,要遵循先慢后快、先简后难、循序渐进的过程。

3. 检验期。经过技术训练后,受训者的技术长进如何,我们不得而知,这时就要采用技术检验训练了。还是用一个沾了颜料的大刷子攻击受训者,攻击结束后检查受训者身上留下的刷子印,便可知道受训者的训练结果如何了。

三、徒手对刀的应用举要

1. 敌人右手持刀下刺我腹部，我向左闪身躲过，同时双手成八字掌向下挡、抓敌手腕并用力向后拉敌人右臂，同时以右脚弹踢敌人裆部。（图 4-209~图 4-211）

图 4-209

图 4-210

图 4-211

第四章　特种部队徒手格斗术的特殊格斗技法

2. 敌人持刀由上向下刺来，我快速向右撤步，用右手紧抓敌人手腕；同时以右脚踢击敌人膝关节，趁敌人重心不稳之时用左手抱住敌人颈部并猛力后扳，左手抓住敌人右手腕用力向左后侧扳压，从而将敌人制服。（图 4-212~图 4-214）

图 4-212

图 4-213

图 4-214

3. 敌人持刀从上向下刺我时，我用前臂向外侧挡，改变敌人的直线攻击路线。同时，双手用力向下推按敌人持刀手臂，使敌人的匕首刺入自己的腿部。（图 4-215、图 4-216）

图 4-215

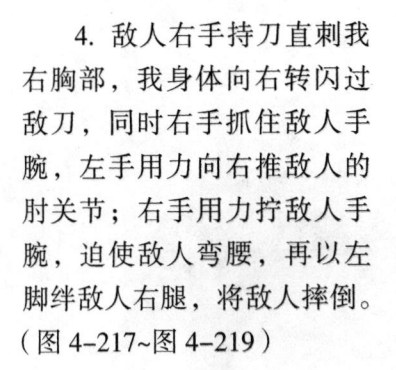

图 4-216

4. 敌人右手持刀直刺我右胸部，我身体向右转闪过敌刀，同时右手抓住敌人手腕，左手用力向右推敌人的肘关节；右手用力拧敌人手腕，迫使敌人弯腰，再以左脚绊敌人右腿，将敌人摔倒。（图 4-217~图 4-219）

图 4-217

第四章 特种部队徒手格斗术的特殊格斗技法

图 4-218 　　　　　　　图 4-219

5. 敌人突然出刀前刺，我身体左转避过来刀，紧接着身体右转，并以掌根猛击敌人下颌。（图 4-220、图 4-221）

图 4-220 　　　　　　　图 4-221

6. 我面对持刀敌人，迅速将外衣脱下，将其充分展开扰乱敌人视线，在敌人持刀直刺时，用外衣将其持刀手罩住，用右手抓住敌人手腕，并用左手猛砍敌人颈后。（图 4-222~图 4-224）

图 4-222

图 4-223

图 4-224

第四章　特种部队徒手格斗术的特殊格斗技法

7. 敌人右手持刀直刺我喉部，我左手向上格挡并抓住敌人手腕；同时，以右直拳猛击敌人腹部，乘敌人弯腰时上右步，右臂插入敌人裆中并抱住敌人右腿，将敌人扛起摔倒在地，制服敌人。（图4-225~图4-229）

图　4-225 　　　　　　图　4-226

图　4-227 　　　　　　图　4-228

图 4-229

8. 敌人右手持刀向我胸部刺来，我右转身闪过来刀并以右手擒抓敌人手腕，以左肘猛砸敌右臂，同时以左脚猛踹敌人右膝关节，将敌人击倒。（图4-230~图4-232）

图 4-230 　　　　　　　　图 4-231

第四章　特种部队徒手格斗术的特殊格斗技法

图 4-232

9. 我被敌人用匕首顶住腹部时，我收腹；同时，以右手下砸敌人持刀手臂，顺势再以右手刀猛砍敌人颈部。（图 4-233~图 4-235）

图 4-233

图 4-234

图 4-235

10. 敌人右手持刀直刺我胸部，我向右侧闪身躲过来刀；同时，用右手抓住敌人右手腕向外拧转，左掌向外推按敌人右臂，左脚猛踹敌右膝关节，制服敌人。（图4-236）

图 4-236

第四章 特种部队徒手格斗术的特殊格斗技法

11. 敌人右手持刀直刺我时，我右转侧身避过来刀，接着双手抓住敌人手臂；同时，以左肘猛顶敌面部，然后再以左肘下砸敌手臂，制服敌人。（图4-237~图4-240）

图 4-237

图 4-238

图 4-239

图 4-240

12. 敌人右手持刀刺我腹部，我以左手抓住敌人持刀的手腕，右手抓住敌人上臂向右上方反扭，右手变掌猛砍敌人颈后，制服敌人。（图 4-241~图 4-244）

图 4-241

图 4-242

图 4-243

图 4-244

第四章　特种部队徒手格斗术的特殊格斗技法

第十四节　徒手对棍攻击法

木棍、拐杖、铁管也是常被人们用于攻击的武器之一。虽然这些武器不像刀和手枪那样容易携带和隐藏，但是使用起来得心应手，所以常被人们当做攻击武器。

搏斗中我们遇上手持棍、棒的敌人时，同样需要沉着冷静地与敌人周旋，乘隙贴身，利用长进短退的办法，夺取敌人的棍、棒，从而制服敌人。

在实战中要想战胜敌人，首先必须得了解棍法的变化规律，做到"知己知彼"，才能"百战不殆"。短棍往往以单手握持使用，一般以戳、劈、点、扫等用法较多，其特点是灵活迅捷，变化多端。长棍由于棍长且重，所以双手握棍使用，攻击范围大，攻击力量足，杀伤力亦很强，但在近距离较难奏效。所以在实战时要根据棍的不同特点，采取不同的防卫方法。一般防长棍则需要尽可能地靠近敌人，因为只有近身才能限制长棍的攻击优势，使敌人处于有棍不能用、有力使不出的劣势。

一、徒手对棍的训练方法

1. 空击。初练时重点体会和观察棍、棒的运行路线和力点以及反击时机。原地训练掌握了动作规格后，根据实战的需要结合相应的步法动作进行防棍反击练习。

2. 不接触的攻防训练。两人一组，一方持棍进攻，另一方防守反击。开始可规定只做单招进攻，逐渐过渡到组合进攻，动作由慢到快，由易到难。

3. 当受训者具备一定的攻防基础后，可身着护具，对付持橡胶棍、棒的同伴，进行防棍反击训练。

二、徒手对棍的应用举要

1. 敌人右手持短棍向我头部击来，我迅速以左手格挡并擒抓敌人右手腕，出右拳重击敌人面部三角区，然后用双手抓住敌人持棍的手腕用力反拧，使敌人的棍自动从手中脱落。（图4-245~图4-247）

图 4-245

图 4-246

图 4-247

第四章 特种部队徒手格斗术的特殊格斗技法

2. 我面对持短棍的敌人,在敌人袭击前,我大步前冲用手指戳击敌人双眼,然后迅速续以侧踹攻击敌人膝部。(图4-248、图4-249)

图 4-248

图 4-249

3. 敌人左手持棍由上向下劈来,我迅速向前上步;同时,抬臂护住头和颈部。紧接着我以右手缠住敌人的手臂。随即我以底掌猛击敌人下颌,再以膝攻击敌人裆部,重创敌人。(图4-250~图4-253)

图 4-250

图 4-251

图 4-252    图 4-253

第四章　特种部队徒手格斗术的特殊格斗技法

4. 敌人以短棍向我头部打来，我两臂交叉，挡住敌人握棍的手腕，边拉敌人的手腕，边以右脚猛踢敌人膝关节。（图4-254、图4-255）

图 4-254 　　　　　　　图 4-255

第十五节　徒手对枪攻击法

作为一名特种兵，在执行任务时被持枪敌人劫持是司空见惯的事情，那么被敌人劫持后，如何解脱才不会使自己受到伤害，这成了特种兵平时训练的关键。在实战时要想夺下敌人手中的枪，首先必须得了解枪械的工作原理，其次是准确判断持枪者与自己的位置、距离、枪对准自己的角度等等，因为只有这样才能根据不同的情况，采取不同的解脱方法进行自救。

一、徒手对枪的训练方法

1. 假想空练。在训练时假想与敌人对峙，敌人采取不同的进攻方式对我进行攻击，我根据敌人的不同进攻方位、角度，采取不同方式进行防守和反击。

2. 和对手进行对抗练习。对手手持假枪从不同的角度、不同方位利用各种凶狠的招式进攻我方，我根据对手的进攻路线、方位和角度快速地进攻反击。训练时要由慢到快、由易到难，逐渐进行。

二、徒手对枪的应用举要

1. 敌人双手持枪从后面抵住我的头部，我忽然向左转身，用左臂拨开敌人的手枪，并向下拉敌人持枪的手臂；同时，用右手刀猛砍敌人颈部。（图4-256~图4-258）

图 4-256　　　　　图 4-257

第四章 特种部队徒手格斗术的特殊格斗技法

图 4-258

2. 敌人右脚在前，右手握枪抵住我腹部，我向左转体闪身；同时，左手向外格挡并抓住敌人右手腕向外推，右脚向前上步置于敌人右腿后，右脚后绊敌人右腿的同时，右拳猛击敌人面部打倒敌人。（图4-259、图4-260）

图 4-259 　　　　　　　　图 4-260

3. 我面对持枪敌人做出惊恐状。我抖动双手并且向前移动靠近敌人手枪，然后双手抓枪身体向左扭转，以右脚猛踢敌人小腿，扭转手枪并用锁指或锁腕技法，制服敌人。（图 4-261~图 4-263）

图 4-261

图 4-262 　　　　　　　图 4-263

第四章　特种部队徒手格斗术的特殊格斗技法

4. 敌人从正面用枪指着我，我迅速转身，用左手抓住敌枪向外推拉，然后用右拳攻击敌人下颌。（图4-264、图4-265）

图　4-264 　　　　　　图　4-265

5. 敌人持枪从后面抵住我头部，我向右后转体闪过枪口；同时，右手向外格挡并抓握敌人持枪的手腕，左脚上步，左手推压敌人肘关节，右手向下反拧敌人手腕，制服敌人。（图4-266~图4-268）

图　4-266

图 4-267 　　　　　　　图 4-268

6. 敌人从后面用左手抓住我的衣服，右手用枪抵住我的后脑，我突然左后转体，用左前臂拨开敌人双手，左手迅速抓住敌人持枪的手腕；同时，以右直拳攻击敌人面部。（图 4-269~图 4-271）

图 4-269 　　　　　　　图 4-270

第四章　特种部队徒手格斗术的特殊格斗技法

图 4-271

7. 敌人从正面用枪对准我头部，我迅速向右转体；同时，用右手抓住敌人持枪手腕向下猛拉，左手指猛戳敌人眼睛；右手向下反拧敌人手腕，左拳猛砸敌人肘关节，制服敌人。（图 4-272~图 4-274）

图 4-272

特种部队徒手格斗术

图 4-273 　　　　　　　　图 4-274

8. 敌人从后面以左手勒住我的颈部，右手持枪抵住我右太阳穴。我用左手向后猛推敌人持枪的手，并抓住敌人持枪的手用力反拧，再用右手抓住枪筒，发力将敌人摔倒在地，制服敌人。（图 4-275~图 4-279）

图 4-275 　　　　　　　　图 4-276

第四章 特种部队徒手格斗术的特殊格斗技法

图 4-277

图 4-278    图 4-279

第十六节　利用棍棒攻击法

警棍，是特种部队执行特殊任务时常用的防暴器材，在许多国家的特种部队里，警棍都是特种兵必不可少的防暴器材之一。棍、棒作为武器用起来比较方便，能迅速在附近找到，包括木棍、水管、瓶子、铁锹、扳手、拐杖、手电筒等。

当你被徒手敌人突袭时，尽管这个敌人赤手空拳，但他会使用极为残忍的进攻方法攻击你，此时你只要突然拾起一根棍子，整个战局的形势就会迅速逆转。现在你手中握有武器，而敌人仍然手无寸铁。此时你首选的自卫术便是迅速持棍打击敌人，保全自己。一般情况下，棍子越长，给敌人施加的压力就越大。如果棍子比较短，在实战时就需要通过步法、身体姿势以及攻击角度来弥补这一不足。

短棍是对付匕首的首选武器，是匕首的克星。格斗时，利用简捷而迅猛的动作来阻止敌人匕首对我的攻击。

在以短棍攻击时，不要大劈大抢，因为第一，大劈大抢的动作幅度较大，容易露出空当，给敌人反击创造了机会；第二，大劈大抢会减慢攻击速度，容易被敌人抓住棍、棒，从而进行反击。

既然我手持棍棒，敌人当然也会提高警惕，而不会贸然乱刺。因此我应有凛然无敌的气概，沉着应战。一旦产生胆怯、惊慌，就必然会过早地把目光从敌人的动作上移开。目光一旦移开，最后必败无疑。相反，倘若从头到尾，一直紧盯敌人，就是在敌人即将刺到我的一瞬间，也可以灵巧地躲开，并且还会有机会用棍、棒反击敌人，将其制服。

以短棍对付持刀敌人时，首先应从打掉敌人手中的匕首开始。倘若棍棒稍长，可用两手握持。两手握棒，首选的打法是劈

第四章 特种部队徒手格斗术的特殊格斗技法

敌人的手臂。无论对手是否持有武器，劈击敌人手臂，力点恰好发于棍梢，敌人的手臂就可能被打折。劈打敌人的手背、手指、腕骨和肘关节这几个部位，都能产生刺痛或麻木，使其丧失活动功能。劈棍的同时往回抽棍，紧接着一记横扫棍，扫打敌人的胫骨，都会让敌人致残，或是使小腿骨折，甚至昏死过去。如果敌人俯身弯腰，突然贴近，就将棍竖起来，用棍尾端垂直向下猛插。若插中后脑能立即取敌性命。在你死我活的格斗中，尽量不要与敌人缠身扭斗。不与敌人纠缠的绝佳办法就是当敌人向我凶猛逼近时，我迅速侧身避让，同时抓住时机用棍横扫敌人胫骨、后脑、颈部等，使敌人不死即残。

如果用短棍对付手持短棍的敌人，亦要以反击为目的。尽管棍、棒相对的较量在格斗时很少出现。但在特种部队执行任务时还是有可能发生的，所以短棍对短棍的防守反击术还是有必要掌握的。

棍棒攻击的应用举要

1. 在打斗中敌人用匕首由上向下刺来时，我手持短棍突然刺向敌人下颌处，使敌人后仰倒地。（图4-280）

2. 敌人以弹踢攻击我裆部，我身体略向后闪；同时，右手持棍向敌人的脚背或小腿胫骨击打，随即快速进步，用短棍扫击敌人耳部。（图4-281、图4-282）

图 4-280

图 4-281　　　　　　　　图 4-282

3. 敌人持刀直刺我腹部，我先以短棍猛击敌人手腕处，如果敌人的匕首被打落，我再向敌人面部补击一棍。（图4-283、图4-284）

图 4-283

第四章　特种部队徒手格斗术的特殊格斗技法

图 4-284

4. 敌人滑步并以左直拳攻我面部，我重心下降，在避开敌人右拳的同时，用短棍向下劈击敌人的膝关节。紧接着右手外翻，从左向右劈击敌人耳部。（图4-285、图4-286）

图 4-285 　　　　　　　　　图 4-286

5. 敌人持匕首进步向我刺来，我迅速挥短棍猛劈敌人手腕，打掉敌匕首，随即探身进步，用短棍直劈敌人颈部。（图4-287、图4-288）

图 4-287

图 4-288

6. 我用短棍虚刺敌人前腿，待敌人防守弯腰时，我迅速用棍攻击敌人面部。（图4-289、图4-290）

图 4-289

第四章　特种部队徒手格斗术的特殊格斗技法

图 4-290

7. 敌人正握刀由上向下刺我面部，我用短棍猛击敌人右手腕。紧接着，我用短棍横扫敌人右肋。（图 4-291、图 4-292）

图 4-291 　　　　　　　　　图 4-292

8. 敌人主动向我扑来，我以右脚弹踢敌人裆部，同时右手挥棍由上向下劈击敌人头顶。（图4-293、图4-294）

图 4-293

图 4-294

9. 敌人正握刀由上向下刺我面部，我用短棍前端猛击敌人右手腕内侧，接着重心下降，用短棍的后端横砸敌人的腹、肋部。（图4-295、图4-296）

图 4-295

第四章 特种部队徒手格斗术的特殊格斗技法

图 4-296

10. 敌人起右脚向我腰、腹弹踢，我左手持棍打击敌人右脚背。趁敌人腿下落的瞬间，我进步并用短棍直刺敌人软肋或心窝部。（图4-297、图4-298）

图 4-297

图 4-298

11. 敌人上右步，反握刀直刺我腹部，我上左步侧身躲过，并用短棍向右横格来刀，同时身体左转，左手持棍横扫敌人颈部。（图4-299、图4-300）

图 4-299 　　　　　　图 4-300

第四章　特种部队徒手格斗术的特殊格斗技法

12. 敌人上右步，右手持刀直刺我上段，我用短棍横格来刀，同时上体左转，用短棍劈击敌人面部。（图4-301、图4-302）

图 4-301 　　　　　　　　图 4-302

13. 敌人上右步，手持匕首突然向我刺来，我身体向右侧闪避开，同时右手持棍猛劈敌人手腕，随即快速进步，以棍直刺敌人裆部。（图4-303、图4-304）

图 4-303 　　　　　　　　图 4-304

第五章 特种部队徒手格斗术的身体素质训练

特种兵从事的徒手格斗术是一项特殊的运动，身体素质是极其关键和重要的。良好的身体素质是技战术训练和提高实战对抗能力的基础，是特种兵发挥徒手格斗技术的重要保障，是特种兵训练和实战对抗中保持稳定、良好的心理状态的基础。

由此可见，无论格斗水平达到何种境界，都应当保持良好的、全面的、持之以恒的格斗体能训练，因为它是格斗技术训练的基础，又是格斗技能保持在最佳水平的保障。格斗训练中没有科学完善的身体素质训练，就会如武术谚语中所讲的"练武不练功，到老一场空"，或练就一身花拳绣腿，如同不堪一击的纸老虎。

作为一名特种兵，必须具备的基本素质包括力量素质、柔韧素质、速度素质、耐力素质、灵敏素质、协调素质等。

第一节 力量训练

力量素质是指人体神经肌肉系统在工作时克服或对抗阻力的能力。无论何种武术流派都把力量训练放在首要位置上来抓。对参加格斗培训的特种兵来说，力量素质的好坏会直接影响到特种兵技术水平的发挥。在训练中，随着士兵力量的增大，其他如速度、灵敏、耐力、柔韧性等素质也会相应增长，所以力量素质训

第五章 特种部队徒手格斗术的身体素质训练

练是身体素质训练中最重要的内容之一。

一、力量素质的训练方法

1. 深蹲

深蹲是训练腿部肌肉的最佳方法之一，它能强化腿部、臀部、腰部和腹部的肌肉群。其方法是，两脚分开，与肩同宽或略宽于肩，肩负杠铃屈膝下蹲，直到大腿后侧接触小腿时伸膝站起。（图略）

2. 立卧撑

训练者立正站好，上身前俯，两手触地，两脚后退成俯卧撑式，做一个俯卧撑后两腿分向两侧再收回，屈膝站起，完成一个动作。此方法可以发展两臂力量及身法、腿法配合的协调性。（图5-1~图5-5）

图 5-1

图 5-2

图 5-3

图 5-4

图 5-5

3. 俯卧撑

两手撑地，略宽于肩，手指向前，以两脚掌支撑地面，身体俯卧成直线。屈臂至胸部接近地面，然后，快速发力推起至两臂伸直。屈臂时，两肘不能外张，臀部不能撅起。为了锻炼不同部位的肌肉，可将手的位置放在不同的地方。有时可以把两手分得很开，也可以把双手合在一起，这样使肩部和手臂的肌肉群都得到发展。（图 5-6、图 5-7）

图 5-6

图 5-7

4. 引体向上

引体向上是锻炼臂部、肩部、胸部以及背上部肌肉非常有效的一种方式。两手正握单杠，两臂伸直使身体自然下垂，用力屈臂上拉至喉部超过横杆，两脚踝交叉。若重点锻炼背部的肌肉，则可进行颈后引体向上，也就是上拉至颈后接近单杠。拉到最高点时稍停上一会儿再还原。引体上拉时吸气，下坠时呼气。练习时身体不要摆动，不要用猛力。

5. 腹肌屈伸

腹肌屈伸是锻炼腹肌最佳的方式，它的功效比仰卧起坐还要好。身体仰卧于垫子上，双手向后抱住头，然后屈身，双膝向上抬起，同时利用腹肌带动背部离地，使头部与双膝接触。而后展开平躺如初，再重复练习。（图5-8、图5-9）

图 5-8

图 5-9

6. 仰卧举腿

仰卧于地面或垫子上,双手向后抱住头,双腿上举与地面成45°夹角,脚尖绷直。然后缓慢地放下双腿,到快着地时再上举。以此法重复训练。(图5-10、图5-11)

图 5-10

图 5-11

7. 仰卧起坐

仰卧起坐有利于背部肌肉、腹部肌肉的锻炼。仰卧于地面或垫子上,双腿挺直固定,然后身体用力前屈坐起,而后身体恢复平躺。以此重复练习。(图5-12~图5-14)

图 5-12

图 5-13

图 5-14

8. 两侧提铃

身体直立,两脚自然开立,两手握哑铃于体侧,双手掌心朝内,手臂从身体两侧向外提起,直到哑铃与耳朵齐平。稍停,然后缓缓落下还原。(图略)

9. 仰卧推举

仰卧推举是锻炼上身肌肉的最佳动作，它能发达胸大肌、三角肌和肱三头肌，对背阔肌也有一定的强化作用。仰卧在长凳上，手握杠铃垂直上举至两臂完全伸直，然后慢慢下落还原。上举时吸气，下落时呼气。上举时背部、臀部都要平贴凳面，不要弓身或两脚使劲蹬地。（图略）

10. 弯腰提铃

两腿伸直，自然开立，两手持哑铃，握距比肩略宽，上体前屈与地面平行，头稍仰起，两臂下垂于体前，屈臂提哑铃。上提时吸气，放下还原时呼气。练习时上体始终和地面呈平行状态，两腿始终伸直，意念集中在背阔肌的收缩和放松上。（图略）

11. 直立提杠铃

两脚自然开立，身体保持正直，两手直臂握杠铃于体前，然后双手向上拉提杠铃，使杠铃缓缓上升到胸部，后放松复原。（图略）

12. 杠铃弯举

掌心向上握住杠铃，握距与肩同宽，保持身体正直，两臂伸直下垂到腿侧，杠铃横杆靠近大腿上部，以肘关节为支点，用肱二头肌的力量屈肘把杠铃向上弯起，直到杠铃横杆靠近胸部，稍停后再放松复原。（图略）

13. 负重提踵

训练时找一块 10 厘米厚的砖块或木块置于地上，然后肩负杠铃，用两脚前脚掌踩在砖块或木块上，后脚跟着地，利用小腿肌

肉收缩和踝关节的力量将身体提起、放下，反复进行。（图略）

14. 仰卧蹬踢腿

仰卧于地面或垫子上，双手垫在臀部下，双腿上举，与地面成 90°角，然后一只脚上抬另一只脚下落，像蹬自行车似地交替踩踏。（图 5-15~图 5-19）

图 5-15

图 5-16

第五章 特种部队徒手格斗术的身体素质训练

图 5-17

图 5-18

图 5-19

15. 仰卧分腿

仰卧于地面或垫子上,双手垫在臀部下,头、肩稍微抬离地面。双腿分开并抬至离地20厘米,然后还原反复进行。(图5-20)

图 5-20

16. 箭步蹲

扛起杠铃后,一侧腿向前伸出,然后屈膝下蹲成弓箭步,重心落在伸出的腿上。(图略)

17. 铁牛耕地

两手撑地,两脚掌蹬地,两臂伸直,然后双臂弯曲,上体缓慢贴地向前移动,直至身体伸直,再向后推至双臂伸直为止。以此反复练习。(图5-21~图5-23)

图 5-21

图 5-22

图 5-23

18. 俯卧划臂

俯卧抬头,双臂向前伸直,手离地约 10 厘米,臀肌收紧,两腿抬起离地约 10 厘米,然后双臂保持伸直并划向体侧,至身体成十字型时还原。(图 5-24、图 5-25)

图 5-24

图 5-25

二、力量训练的原则和注意事项

1. 根据学习和掌握格斗技术的需要，应将发展大肌肉群力量和发展小肌肉群力量训练结合起来进行。顺序一般由上到下，先练大肌肉群，再练小肌肉群。这是因为小肌肉群比大肌肉群较易疲劳的缘故。在完成动作过程中，必须注意准确性和节奏性，注意用腹式呼吸与动作练习相配合，使肌肉得到充足的氧气，还必须加强身体营养的补充。

2. 训练时间，最好隔天进行一次力量训练，一周保证三次训练课。因为人体肌肉组织在经过大运动量锻炼后需 24~48 小时的恢复时间，隔天训练使肌肉得到充分休息，给下次训练课做好准备。力量训练增强得快，停止训练后消退得也快，所以应坚持不懈。

3. 力量训练要与专项技术动作相结合。在设计力量练习时动作应与技术结构相似，并考虑发力特点。要根据锻炼目的调节动作节奏与速度，注意松紧交替。发展力量素质和改进技术同时并举最为理想。

4. 科学地调整和安排锻炼负荷，若发展绝对力量，需要采用强度大、重复次数少的练习；若发展速度力量，要求练习者在最短的时间里发挥出最大的力量；若发展力量耐力，则采用负荷强度小、重复次数多的练习。在练习过程中应尽量避免影响速度和灵活性的力量训练。

5. 进行大强度的锻炼时，要特别注意肌肉的放松调整，力量性练习与速度练习，柔韧练习或放松练习交替进行，防止肌肉僵化，提高肌肉的弹性和灵活性。

第二节　柔韧训练

柔韧性是指人体各关节在不同方向上的运动能力以及肌肉、肌腱和韧带等软组织的伸展能力。

身体的关节、韧带柔韧性好，不仅有助于技术动作的掌握和提高，而且能减少在训练和实战中的运动损伤。特种兵尤其需要有肩、髋关节的柔韧性，如果肩、髋关节的柔韧性好，灵活性强，就能从不同角度用最大的力量去打击敌人。柔韧性较好的人在搏击时很少会出现肌肉紧张，动作也相对协调、准确流畅，这样也就大大提高了攻击速度和攻击劲力。

一、颈部的柔韧性训练

1. 头尽量下屈至胸前，然后再仰起，并尽量向后仰，反复进行，直至疲倦。

2. 头正对前方，向左后方尽量摆动，再向右后方摆动，直至疲倦。

3. 头向左右两侧尽量摆动，直至疲倦。

4. 头向左、向后、向右方转动，转动路线刚好在头上绕一个圆形。做完左方，再做右方，直至疲倦。

二、手腕部的柔韧性训练

1. 采用合气道手腕强化锻炼的方法：将双手置于胸前，左手抓紧右手掌背，用力压。左、右手互换练习。
2. 握拳扭腕练习：双方交叉握拳沿顺时针转动。

三、肩部柔韧性训练

1. 振肩：双脚自然开立，双臂高抬与肩平，然后向后振臂。
2. 压肩：双手紧握肋木或置于一定高度的物体上，有弹性地向下振压。注意两手距离不要宽于肩，要由轻到重，逐渐加力。
3. 摇肩：两脚分开站立，两臂依次以肩为圆心摇转。
4. 后拉肩：背对肋木站立，两手紧握肋木，挺胸向前拉，或双人配合拉肩。

四、腰部柔韧训练

1. 转体：以两脚站立，做左右转体练习。
2. 前俯腰：两脚并步直立，双掌手指交叉，两手尽量贴地。两腿挺膝伸直，或抱住两脚跟，逐渐以胸部紧贴腿部。
3. 甩腰：两脚开立，与肩同宽，两臂上举。然后以腰、髋关节为轴，上体做前后左右转动，手臂随着甩动，两腿伸直。

五、腿部柔韧性训练

1. 正压腿：将腿放在与腰同高的物体上，脚尖勾起，两手

向下扶按膝关节，挺胸收腹，直背塌腰，上体前俯，用额头碰脚尖。左右腿互换练习。（图5-26、图5-27）

图 5-26

图 5-27

2. 侧压腿：身体侧对支撑物，将腿放在支撑物上，脚尖勾起，身体有节奏地向侧面腿部振压。身体保持正直。左右腿互换练习。（图5-28、图5-29）

图 5-28

图 5-29

3. 后压腿：背向物体，脚背向下，将脚放置在与腰同高的物体上，两腿和腰部尽量挺直，然后向后有节奏地振压。左右腿互换练习。（图 5-30、图 5-31）

图 5-30

图 5-31

4. 对脚下压：坐于地上，两脚心相对，双手扶于膝关节上，上体尽量下压，使两髋尽量展开。（图 5-32、图 5-33）

图 5-32 　　　　　　　图 5-33

5. 耗腿：其方法略同压腿，不同之处是将腿尽量放于能达到的最高度，身体尽量靠近腿部静耗 5 分钟左右，以感觉有微酸痛感为佳。

6. 坐姿双压腿：两腿伸直，前后分开坐下。两腿尽量成一直线，身体正直，双手支撑身体，身体向下振压。如此互换双腿练习。（图 5-34）

图 5-34

7. 踢腿训练：在完成上述训练之后，应进行踢腿训练。由实战姿势开始做前踢、侧踢、后踢、里合腿、外摆腿等踢腿训练。

六、脚踝部柔韧训练

1. 转踝：左脚支撑，右脚跟抬起，脚尖点地旋转踝关节。左右互换练习。
2. 压踝：跪在地板上，脚背贴于地板，上体后仰。
3. 扳脚：坐在地板上，两脚伸直，用手将两脚往回扳，尽量使脚尖屈至最大限度。

第三节 速度训练

在徒手格斗中，速度是取胜的关键因素之一。打斗时，对敌人的一举一动必须灵活迅速地做出反应，以变应变，出奇制胜。身体笨拙、动作迟缓，其他条件再好也只能处于被动挨打的地位。一位打斗者如能在速度上占据较大的优势，那么在其他方面也会占有不少优势。

所谓速度，就是指人体快速运动的能力，包括人体快速完成动作的能力和对外界信号刺激快速反应的能力，以及快速移动的能力。

对习练者来说，单纯的动作速度是没有的，它是建立在力量、耐力、协调、技术等诸因素的基础之上的。神经反应速度、灵活性、爆发力、肌肉的伸展力、弹力和放松能力、运动技术的质量、想象力与洞察先机能力、疲劳的克服能力、意志力、精神与肉体的警觉性都是提高动作速度的条件。因而提高动作速度除了加强身体素质的训练，如进行疾跑、空击、跳绳、打沙袋等训练外，还应重视其他相关身体素质的训练。

在紧张激烈的搏斗中，动作速度的快慢是相对的。所谓"速度"，只有和时机配合默契，才能充分显示出来。没有实战经验，不能掌握攻击的时机，单纯只有速度也不会取胜。所以说，只有将格斗时机和动作速度结合起来，才能在搏斗中取胜。

一、速度训练的一般要求

1. 训练前先进行热身运动，这样有利于提高各器官系统的工作能力，同时可以提高神经系统和肌肉的兴奋性，增强肌肉和关节的弹性和伸展性，保证在正式训练中肌肉关节不易受伤害。
2. 在整个训练过程中要适当放松精神和身体，以做到身形合一，使反应和判断敏捷，动作迅速。因为不必要的紧张必然影响神经系统的反应能力，会导致肢体滞拙不灵，降低了速度，又消耗了体力。
3. 全身动作协调能使技法流畅自然，使动作准确、熟练，体力充沛，应变能力强，动作速度快。
4. 招式简练有利于节省距离、体力、时间，保证了进攻的速度。

二、速度素质训练的方法

1. 短距离快速跑：一般跑 30 米左右，包括 30 米快速跑、30 米变向跑、30 米加速跑。这种训练最适于培养习练者的速度、劲力和敏捷性。
2. 打梨球：这是借鉴拳击速度训练的一种方法。主要用来训练拳手的击打速度和动作节奏感，提高出拳的准确性和快速反应能力。
3. 高抬腿跑：此练习一方面能有效提高大、小腿的速度力量，还能提高速度频率及速度协调性。

4. 叫号令练习：根据口令、击掌、手势等进行各种步法、拳法、腿法、身法的练习。

5. 快速跳绳：快速跳及双跳（双脚跳一次绳绕两周）。

6. 空当速击练习：教官在陪练中不定时地露出空当，练习者根据"情况"迅速出拳、腿击打空当。

8. 空击练习：设想敌手做出各种攻击动作，而我则根据敌手的动作做出相应的反击。此种训练是锻炼敏捷与增加速度的好方法。

9. 一方进攻一方防守：要求防守的一方在对手进攻时能判断出对方动作，并迅速、准确地做出反击。这也是锻炼和提高反应速度、应变能力和动作敏捷性的有效方法。

第四节　耐力训练

耐力素质具体所指的是格斗对抗中或训练中长时间保持格斗技术动作质量和运动强度的能力，以及在持续运动过程中不断克服疲劳的能力。具备良好的耐力素质有助士兵较好地克服在训练、实战中出现的疲劳，从而更好地发挥技战术水平。

一、格斗专门耐力的培养方法

1. 空击：快速、连续不断地进行空击练习，持续 3~5 分钟，间歇 40~60 秒钟。重复 5 组。

2. 击打靶垫：训练者站在靶前，40 秒钟连续击靶，间歇 40 秒钟。每次训练 3~5 组。

3. 打沙袋：连续击打沙袋，每组 3 分钟，完成 200 个以上的攻击动作，中间休息 1 分钟。连续做 3 组以上。

4. 跳绳：跳 3 分钟休息 1 分钟，再进行下一组练习。每次训练 3 组以上。

5. 一人对多人的车轮战。

二、发展耐力素质的要求和注意事项

1. 耐力有力量性的特点，增加力量练习的次数是发展肌肉耐力的一个有效方法。

2. 根据训练任务的要求，科学地安排训练数量、强度、重复次数、间歇的时间和休息方式，才能收到良好的效果。

3. 要进行系统的训练，要有完整的训练计划，这样，有助于耐力素质的提高。

4. 根据搏击的大强度、激烈对抗的特点和士兵的身体素质水平，科学地安排有氧耐力和无氧耐力的训练，掌握训练强度，并使无氧耐力的训练尽可能多地结合专项技术进行。

5. 耐力训练不仅是身体方面的训练，也是意志品质的培养。因而进行身体训练的同时，要加强心理素质的训练，以促使耐力素质的提高。

第五节　灵敏训练

灵敏素质是指在各种突然变化的条件下，能够迅速、准确、协调地改变自身的动作，以适应变化着的外环境的能力。

灵敏是实战搏击对抗中取胜的重要条件之一，是攻防实战不可忽视的重要能力。在搏击中根据对手的情况迅速改变动作方向、路线、速度和方法等，要靠灵敏。

灵敏是练习者的力量、柔韧、速度、协调性等素质在搏击中

第五章　特种部队徒手格斗术的身体素质训练

的综合表现。技术娴熟、力量大、速度快、动作协调都有助于灵敏性的发挥。灵敏性在整个搏击过程中，无论是出击、防守、反击；还是在拳、肘、腿、脚、膝、摔、拿的运用中都能表现出来。

俗话说"熟能生巧"。提高灵敏性最有效的手段是正确掌握格斗技术要领，持之以恒地反复练习，使神经系统有效地协调合作。大脑皮层运动中枢的兴奋与抑制高度集中，内抑制相当牢固、精确，形成巩固的、正确的动力定型，对提高灵敏性极其重要。

一、灵敏素质的训练方法

1. 往返变向跑：在短距离内做 3 个以上的变向折返跑或在折返点做一些不同的动作，然后折返跑回。如可以在折返点完成俯卧撑、跳跃、仰卧起坐、跳转一圈等动作。

2. 动作组合：将各种复杂动作组合在一起，要求练习者快速、准确、协调地完成动作，可以原地练习也可在跑跳中进行。如立卧撑、仰卧起坐、跳转一圈、两头翘组合练习。练习时可指定动作次序，可根据手势、掌声及其他信号练习。

3. 移动中的躲闪：躲闪穿越摆动沙袋的练习，将所有沙袋尽力大幅度摆动起来，要求练习者在躲闪开沙袋的同时利用滑步快速前进。

4. 触摸：将练习者分为两人一组，规定在一定的范围内用手触摸对方的身体某一部位，可以利用步伐移动躲闪。

5. 技法组合：不同格斗技术的动作组合练习，如拳法与腿法动作的组合练习、腿法与摔法的组合动作练习等。

6. 假想空击：假想与敌手搏斗，想象敌手的变化，从而做出诱攻、闪躲等动作。练习时想象要真切合理，如同实战，同时动作配合要有章法，亦攻亦守，精神集中。

二、灵敏训练的要求和注意事项

1. 灵敏训练要在精力充沛的时候进行。当训练者觉得自己疲惫不堪时，不要进行灵敏训练，以免将迟缓粗劣的动作混入高深的动作中。

2. 发展灵敏素质的训练在训练课一开始的时候就要结合速度训练一起进行。

3. 训练动作要丰富多样。因为训练动作越丰富，条件反射的储备也越丰富，同时灵敏训练的效果也越好。

第六章　特种兵的心理训练

当特种兵有了一定的格斗技术和懂得了一些战术运用之后，还有一个非常重要的内容值得重视，那就是心理素质的训练。

有关专家认为，士兵搏杀的成败并不主要取决于个人技术，而是主要取决于他的拼杀气概和良好的心理素质。有些士兵身体素质和格斗技术都不算优秀，但他具有坚忍不拔的意志和良好的心理素质，所以在实战搏杀中连连战胜强敌。相反，有些士兵虽然身体素质较好，格斗技术也比较全面，但由于缺乏坚定的意志和良好的心理素质，在实战中往往被那些体格一般而勇往直前的对手打败。事实证明，仅靠身体素质和格斗技术是不足以克敌制胜的。只有在身体素质和格斗技术的基础上配合良好的心理素质和坚忍不拔的意志品质，才能在实战搏杀中战胜敌人。

正视危险

虽然自信是士兵的特质，但是一名训练有素的士兵却从来不轻视一名未曾受过正规训练的敌人。尽管有些敌人从未被正规训练过，但是他们的凶狠和残忍弥补了他们在技巧的上缺陷。特种兵要时刻提醒自己面临的潜在危险及遭受失败的后果。

士兵们经常受到这样的教导：训练要讲究实效，反对花架子。无论对练还是打沙袋，都要像面对强敌一样真打硬拼。攻击时，要充分利用一切手段自然直接地攻击敌人脆弱的部位，用招突然、快速，使其猝不及防而中招，特种兵攻击动作要以迅雷不及掩耳之势进行，舍弃冗长笨拙的技术或动作，必须快速制服敌人，敌我之间的生死容不得半点花架子，必须施用非常实用的技术。

如果敌我力量悬殊，必须舍弃一拼到底的念头，应以设法保全自己为重点。当你安全地逃脱了敌人的攻击，你就是真正的胜者。生存是关键，而尊严在军人的徒手格斗里什么都不是。

消减恐惧　忍受伤痛

当生命受到威胁时产生恐惧感是正常、自然和本能的反应。而在实战中必须学会控制和消除恐惧，否则这种恐惧感会影响大脑的活动，从而导致临战时动作迟缓、犹豫不决、拖泥带水、动作变形、击打无力等。

特种部队训练时，教官把士兵置于虚拟的环境中，逼真得让他们双腿发抖、心跳加速，有时甚至惊惶失措、无法控制自己，一旦他们经历了这些训练，在以后的实战中就能更好地克服此种恐惧。韩国特种部队进行消除恐惧训练的主要科目是让士兵在火葬场过夜，让士兵挨着死人或搂着死人睡觉，瑟瑟的风，黑黑的夜，让人胆战心惊。特种部队士兵经过长期训练，早已忘记自己的生死，他们只有一个信念，那就是生命不息，战斗不止。

另外，必须在心理上接受受伤的可能性。搏杀时，砍伤、擦伤、挫伤、骨折和刺伤都是正常的，但不要因此而分心。一旦受伤，应该把疼痛抛在一边，并要尽力使受伤的次数降至最低。有的士兵死于并不严重的伤害，原因是他们自己认为自己所受的伤是致命的，从而导致了恐惧的加速，削弱了士兵的战斗能力。相反，有的士兵虽然被打成重伤，但他们仍能克服疼痛坚持战斗，最终存活下来。

心肠要狠

教官教导士兵在实战搏杀时下手一定要狠，落点要准，力量要透。在日常的训练中，要想法克服心理及精神上的障碍，使自己的技法发挥至最大限度。在面对敌人时，必须放下文明的外衣，不应抱任何怜悯之心，要激活愤怒之情，激发自己为生而战的精神。对敌人的宽容就是对自己的残忍，因为敌人的目的就是要杀死你。同情敌人，最后必定伤害到自己。

士兵们也要牢记：不可受敌诱骗。对主动提出要握手或请求谈谈条件的敌人，要保持高度警惕。此种举动常常是诱骗士兵降低警惕性的伎俩，一个训练有素的士兵会非常小心地对待此举，不过最好还是避开这种场合。类似的手法还有向士兵递香烟，在士兵接烟时，拳头猝然而至。如果士兵粗心大意或心太软，将会为此付出生命的代价。

简单的放松

放松训练能使自身精神与肢体高度统一，迅速恢复体力，使练习者全身气血通畅，经脉无滞，并获得充沛的精力。

世界上较流行的放松训练方法是：仰卧于床上，两脚分开，两手掌心向上，自然伸开，置于身体两侧，先做数次轻柔而缓慢的深呼吸，以使全身放松，心情平静，按照头部、颈部、手臂、胸部、腹部、胯部、腿部、脚趾的先后顺序放松。放松时一边深呼吸一边使身体各部分交替地收紧和放松。比如，在微闭眼皮时，深吸一口气，在放松眼部周围肌肉时，则缓缓地把气呼出。在做收紧与放松的练习时，注意紧张要有限度，不要太用力，以免使肌肉僵硬。训练时情绪要安定，呼吸均匀深长，鼻呼鼻吸。

想象训练

所谓想象训练，就是指有意识、积极地利用头脑中已经形成的运动表象或充分利用自己的想象进行训练的方法。想象训练对技战术训练作用显著，如果在练习之前通过对技术要领方法的想象，在大脑皮层中留下技术"痕迹"，然后在练习中把这些痕迹激活，可使动作完成得更加正确、顺利。

特种兵的想象训练要想得十分生动、形象，如身临其境，历历在目。必须把颜色、噪音、表情、自己体内的冲动、疼痛等细节都一一想象出来。想象过程中还应该从思想中排除疼痛感，探索所有的可能性，考虑问题可能解决的途径，并用各种可能的情况向自己挑战。每次训练时，都尽量努力加入一些具有创造性的内容，比如设想利用场地上像石头、棍、棒等伸手可及的武器打击敌人。想象训练能提高练习者的打斗能力。但这可不是说战士就应该以想象训练代替身体的训练，而是要将其作为强有力的辅助手段加以利用。